FUJIANESE
Dictionary
&
Phrasebook

FUJIANESE
Dictionary
&
Phrasebook

Hippocrene Books, Inc.
New York

Translated by Xiao Chu Chen

For information, address:
HIPPOCRENE BOOKS, INC.
171 Madison Ave.
New York, NY 10016

www.hippocrenebooks.com

Library of Congress Cataloging-in-Publication Data

Fujianese-English/English-Fujianese dictionary &
phrasebook / Editors at Hippocrene Books.
    pages cm.
 ISBN-13: 978-0-7818-1313-6 (pbk.)
 ISBN-10: 0-7818-1313-1 (pbk.)
1. Hokkien dialects--Dictionaries--English. 2. English
language--Dictionaries--Hokkien dialects. 3. Hokkien
dialects--Conversation and phrase books. 4. Hokkien
dialects--Grammar. 5. Chinese language--Dialects--
Dictionaries. 6. Chinese language--Dialects--Conversa-
tion and phrase books. I. Hippocrene Books (Firm),
issuing body. II. Title: Fujianese-English/English-
Fujianese dictionary and phrasebook.
 PL1710.F85F85 2013
 495.17'951245--dc23
                                    2013026341

CONTENTS

PRONUNCIATION GUIDE

Like all Chinese dialects, Fujianese is a tonal language. Below are descriptions of the basics regarding consonants, vowels, and tones in Fujianese.

Consonants

There are 15 consonants in Fujianese:

p	pie	puo2 (*woman*)
p'	pay	p'εi4 (*nose*)
m	mom	ma2 (*cat*)
t	dad	ta2 (*tea*)
t'	too	t'u3 (*soil*)
N	navy	nεi5 (*two*)
L	link	lεi ŋ3 (*cold*)
ts	charm	tsia3 (*sister*)
ts'	charge	ts'ia1 (*car*)
s	sad	sεi4 (*four*)
k	car	ka1 (*add*)
k'	kite	k'ia2 (ride)
ŋ	no	ŋou5 (*five*)
h	how	hua1 (*flower*)
ø	*(see footnote 1)* øi2 (*aunt*)

Vowels

There are 48 vowels and vowel combination sounds:

a/ɑ	madam	ma1 (*mom*) / mɑ4 (*curse*)
ieŋ/iɛŋ	**ea**sy + **en**d	tieŋ1 (*sweet*) / kiɛŋ4 (*meet*)
ɛ/ɑ	set	sɛ1 (*west*) / mɑ5 (*sell*)
ɛiŋ/aiŋ	**ea**sy + **thing**	sɛiŋ2 (*front*) / taiŋ4 (*store*)
o/ɔ	d**oll**	to1 (*knife*) / hɔ5 (*number*)
uŋ/ouŋ	w**oo**d + s**ang**	tuŋ1 (*east*) / souŋ4 (*send*)
œ/ɔ	s**a**d	t'œ3 (*shovel*) / ts'ɔ4 (*erase*)
uaŋ/uɑŋ	w**oo**d + s**ang**	k'uaŋ1 (*wide*) / puɑŋ4 (*half*)
ai/ɑi	life	ts'ai1 (*guess*) / tsɑi4 (*again*)
uoŋ/uɔŋ	w**oo**d + **or**	muoŋ2 (*door*) / ts'uɔŋ4 (*sing*)
au/ɑu	f**ou**nd	pau1 (*bag*) / tɑu5 (*bean*)
ouŋ/ɔuŋ	**or** + **own**	touŋ2 (*long*) / sɔuŋ4 (*scallion*)
ɛu/ɑu	far	t'ɛu2 (*head*) / sɑu5 (*thin*)

yŋ/øyŋ	**or** + **in**	tyŋ2 (*heavy*) /
		køyŋ5 (*close*)
i/εi	sw**ee**t	mi3 (*rice*) /
		ts'εi5 (*city*)
yoŋ/yɔŋ	w**ou**ld + **en**d	kyoŋ2 (*strong*) /
		hyɔŋ4 (*toward*)
ia/iɑ	**ya**rd	ts'ia1 (*car*) /
		kiɑ5 (*down*)
øyŋ/ɔyŋ	**ow**n + **thing**	pøyŋ1 (*help*) /
		hɔyŋ5 (*hate*)
ie/iε	**easy** + **set**	sie2 (*snake*) /
		tiε5 (*brother*)
aʔ/ɑʔ	**fa**t	paʔ7 (*white*) /
		t'ɑʔ6 (*tower*)
iau	**need** + **chao**	miau2 (*mew*)
εʔ	**pe**t	p'εʔ1 (*sit*)
ieu/iεu	**need** + **you**	tsieu1 (*state*) /
		p'iεu4 (*ticket*)
oʔ/ɔʔ	**all**	øɔʔ7 (*learn*) /
		toʔ6 (*table*)
u/ou	m**oo**d	tsu1 (*rent*) /
		pou4 (*rich*)
œʔ	**wa**r	kœʔ6 (*scream*)
ua/uɑ	**fa**rm	hua1 (*flower*) /
		ts'uɑ4 (*strong*)
iʔ/εiʔ	**in**	niʔ7 (*day*) /
		pεiʔ6 (*pen*)
uo/uɔ	**floo**r	suo1 (*lose*) /
		muɔ4 (*grave*)

iaʔ/iɑʔ	**yard**	liaʔ6 (*lick*) / piɑʔ6 (*wall*)
uai/uɑi	**woo**d + **why**	ŋuai3 (*I*) / huɑi5 (*bad*)
ieʔ/iɛʔ	**yet**	hieʔ7 (*page*) / t'iɛ6 (*iron*)
uoi/uɔi	**coo**k + **set**	muoi1 (*sister*) / suɔi4 (*tax*)
ɛiʔ/ɔaiʔ	**say**	sɛiʔ7 (*ten*) / paiʔ6 (*eight*)
y/øy	**se**t + **woo**d	ty1 (*pig*) / k'øy4 (*go*)
uʔ/ouʔ	**hoo**k	muʔ7 (*wood*) / k'ouʔ (*dig*)
yo/yɔ	**woul**d + **set**	kyo2 (*bridge*) / øyɔ4 (*descendant*)
uaʔ/uɑʔ	**hoo**k + **fat**	øuaʔ7 (*fresh*) / huɑʔ6 (*law*)
øy/ɔy	**woul**d + **life**	tøy3 (*short*) / sɔy5 (*sit*)
uoʔ/uɔʔ	**wha**t	luɔʔ7 (*green*) / suo6 (*snow*)
aŋ/ɑŋ	**gang**	paŋ1 (*class*) / k'ɑŋ4 (*look*)
ouʔ/ɔuʔ	**se**t + **hook**	t'ouʔ7 (*read*) / pɔuʔ6 (*north*)
ŋ (n/m)	**ma**ll	ŋ5 (*no*)
yʔ/øyʔ	**gui**tar + **coo**k	nyʔ7 (*meat*) / tsøyʔ6 (*uncle*)

iŋ/ɛiŋ	**thing**	piŋ1 (*ice*) / sɛiŋ4 (*trust*)
yoʔ/yɔʔ	**cook + wear**	kyo6 (*foot*) / øyɔʔ7 (*medicine*)
iaŋ/iɑŋ	**weed + Amazon**	miaŋ2 (*name*) / miɑŋ5 (*life*)
øyʔ/ɔyʔ	**cook + say**	løyʔ7 (*six*) / pɔyʔ6 (*north*)

Notes:

1. ø means no preceding consonant sound; ʔ is a glottal stop. In this book, in order to simplify the pronunciation of the phonetic system, we ignore ʔ but keep ø.

2. The vowels given before the slash are closed vowels; vowels after slash are open vowels. The difference between the two is the position of the tongue. A closed vowel means the tongue is positioned as close as possible to the roof of the mouth without creating a constriction. An open vowel is a vowel sound in which the tongue is positioned as far as possible from the roof of the mouth.

3. Most native Fujianese speakers do not strongly distinguish between "n" and "l" sounds. Therefore, you may hear [nau5] pronounced like [lau5].

4. β ʒ are consonants that are used for sound-linking. Beginners may ignore this technique and still be correctly understood, as many native speakers do not make a sharp distinction with these sounds and won't notice the omission.

Tones

Tones can be difficult for speakers from non-tonal languages. Given that they play a critical role in being correctly understood, though, we suggest that serious learners of Fujianese do not try to avoid learning tones, as many beginners do. Instead, listen carefully to native speakers, and ask for input about your tones as you practice pronouncing words and phrases with them.

The tonal rules of (连读变调) Fujianese are complicated, even compared with those of other Chinese dialects. To simplify the study of pronunciation, we neglect some minute tonal nuances. These omissions should not affect your ability to pronounce the Fuzhou dialect correctly and be understood.

Tone #	Name	Description	Example
1	Dark-level (阴平)	high level	丁 [tiŋ1]
2	Light-level (阳平)	high falling	陈 [tiŋ2]
3	Rising tone (上声)	middle level	等 [tiŋ3]
4	Dark-departing (阴去)	low falling and rising	镇 [tɛiŋ4]
5	Light-departing (阳去)	middle rising and falling	阵 [tɛiŋ5]
6	Dark-entering (阴入)	middle rising stopped	滴 [tɛi6]
7	Light-entering (阳入)	high level stopped	直 [ti7]

For words without tone numbers, this tone is also known as the neutral tone. There is no symbol over the vowel and it is pronounced flatly without any intonation. Sometimes it's just slightly softer than first tone.

BASIC GRAMMAR

Fujianese grammar is essentially similar to the grammar of Mandarin. Those who know the grammatical structure of written Chinese will only need to focus on the Fuzhou dialect pronunciation, as the basic rules of sentence formation and expressing future or past tense are the same.

Here's a basic rundown of the grammar rules. As with Mandarin, word order is especially important in Fujianese and meaning can be strongly affected if the words in a sentence are arranged incorrectly.

Statements

Sentence structure: Subject + verb

我是一名老师。 *I am a teacher.*

The English concept "to be" in Fuzhou dialect is typically expressible with 是 [si5].

Negative Statements

Sentence structure:

Subject + negative word + verb

In Fujianese, negations are created by placing a negation word before the verb or idea the speaker wishes to negate. Some examples of negation words are 没 [mo2 and mɛ5].

我没去上班。 *I did not go to work.*

Comparisons

Sentence structure:

A + 比 + B + adjective

比 is pronounced as pi3.

我比你高。 *I am taller than you.*

Questions / Question Words

什么	sie6 miaŋ2	What
为什么	k'ɛ4 lie4	Why
怎样	tsuoŋ3	How
多少	nuai5	How much
什么时候	mieŋ5 ŋau5	When
什么地方	sie6 no6 ti5 uoŋ1	Where

哪一个 / 谁　tie3 nœ3 i6 /　Which /
　　　　　　tie3 nøyŋ2　Who

Tense

Tense changes are expressed through the addition of time phrases or particles that express the appropriate tense.

1. To form present continuous tense, add 在[tuo7] after the verb:

我在吃午饭。*I am having lunch.*

2. For simple past tense, add 了 [lau3] after the verb:

我吃了。 *I already ate.*

3. For past perfect tense, add 已经 [i3 kiŋ1] before the verb:

我已经去过中国了。
I have been to China.

*Note: Since Fujianese is only a spoken dialect, it is difficult to translate Fuzhou dialect word by word. Because Fuzhou dialect doesn't have its own writing system, in this dictionary, some sentences or phrases use Mandarin characters that share similar meaning, which is common practice for many Fuzhou dialect dictionaries. The author has used an asterisk (*) to mark those words, sentences, and phrases where Fuzhou locals prefer using Mandarin over the traditional Fuzhou dialect.

FUJIANESE-ENGLISH
DICTIONARY

阿司匹林 [a1 si1 pi1 lin2*] aspirin

矮 [ε3] short

艾滋病 [ai4 tsy2 paŋ5] AIDS, HIV

爱 [ai4] love

安静 [aŋ1 tsεiŋ5] peace

安静 [aŋ1 tsεiŋ5] quiet

安眠药 [aŋ1 mieŋ2 yo7] sleeping pills

安全 [aŋ1 tsuoŋ2] safety, security

安全带 [aŋ1 tsuoŋ2 nai4] seat belt

安全的 [aŋ1 tsuoŋ2 lε] safe

安全套 [aŋ1 tsuoŋ2 t'o4] condom

鞍 [aŋ1] saddle

按摩 [aŋ4 mo2] massage

暗 [aŋ4] dark

肮脏 [lai1 tai1] dirty

八 [pai6] eight

八十 [pεi6 sεi7] eighty

八月 [pεi6 ŋuo7] August

巴士 [pa1 søy5] bus

疤 [pa1] scar

白 [pa7] white

白鸽 [pa7 la6] pigeon

白糖 [pa7 louŋ2] sugar

白天 [ni7 touŋ1] daytime

百 [pa6] hundred

百分比 [pa6 huŋ5 pi3] percent

百货公司 [pεi6 huo4 kuŋ1 ni1] department store

百万 [pa6 uaŋ5] million

百姓 [pa6 laŋ4] civilian

班 [paŋ1] class

办公室 [pεiŋ5 ŋuŋ1 nεi6] office

半 [puaŋ4] half

半夜 [puaŋ4 maŋ2] midnight
帮助 [pouŋ1 tsou5] assist
帮助 [pouŋ1 tsou5] help
绑票 [pouŋ3 mieu4] kidnap
磅 [pouŋ5] pound (*n.*)
包 [pau1] bag, wrap (*v.*)
包裹 [pau1 kuo3] package, parcel
包间 [pau1 kaŋ1] private room
包装 [pau1 ʒouŋ1] pack
饱 [pa3] full
保持 [po3 tʼi2] keep (*v.*)
保护 [po3 hou5] protect
保险 [po3 ieŋ3] insurance
报告 [po4 ko4] report
报信员 [po4 sɛiŋ4 uoŋ2] messenger
报纸 [po4 tsai3] newspaper
抱 [po5] hug
暴力 [pɔ4 li7] violence
暴乱 [po4 luaŋ5] riot
爆胎 [pɔu6 tʼai1] flat tire
杯 [puoi1] cup
北 [pɔy6] north
贝 [kʼɔy6 suo7] shellfish
备件 [pi5 yoŋ5] spare part
背包 [mai5 pau1] backpack. knapsack
本地人 [puoŋ3 tei5 nøyŋ2] native
绷带 [pouŋ1 tai4] bandage
鼻 [pʼɛi4] nose
比率 [pi3 lu7] ratio
笔 [pɛi6] pen
笔记 [pɛi6 kɛi4] note
笔记本电脑 [pɛi6 ki4 puoŋ2 tieŋ5 no3]
 laptop

庇护 [pi4 hou5] refuge
庇佑 [pi4 ieu5] bless
壁画 [pie6 ua5] mural
避免 [pie5 mieŋ3] avoid
避难地 [pie5 naŋ5 lɛi5] sanctuary
避难地 [pie5 naŋ5 tɛi5] shelter (*n.*)
避孕 [pie5 ɛiŋ5] contraception
避孕的 [pie5 ɛiŋ5 lɛ] contraceptive
边界 [pieŋ1 kai4] border
编织 [ts'ie6] knit
变化 [pieŋ4 hua4] change (*n.*)
便利的 [pieŋ5 nɛi5 lɛ] convenient
便利店 [pieŋ5 nɛi5 laiŋ4] convenience
  store
便利设施 [pieŋ5 lɛi5 sie6 sy1] amenities
便秘 [si6 sai3] constipated
便宜 [pɛiŋ2 ie2] cheap
便宜的 [pɛiŋ2 ŋie2 lɛ] inexpensive
辩驳 [pieŋ5 mɔu6] argue
标签 [pieu1 ts'ieŋ1] tag
标准 [pieu1 tsuŋ3] standard (*n.*)
表演 [pieu3 ieŋ3] act (*v.*)
冰 [piŋ1] ice
冰箱 [piŋ1 suoŋ1] refrigerator
饼 [piaŋ3] pie
病 [paŋ5] disease, illness (*n.*); sick (*adj.*)
病毒 [paŋ5 tu7] virus
病人 [paŋ5 nøyŋ2] patient (*n.*)
拨号 [pua6 ho5] dial
玻璃 [po1 lɛ2] glass
伯伯 [i1 pa6] uncle (paternal older)
泊车 [po7 ts'ia1] parking
脖子 [tau2 ɔu6] neck

博物馆 [pou6 u7 kuaŋ3] museum
补偿 [puo3 luoŋ2] compensation
补救 [puo3 ieu4] remedy (*n.*)
不 [mo2] no
不承认 [mo2 siŋ2 nɛiŋ5] deny
不够的 [mo2 kau4 lɛ] insufficient
不快乐的 [mɛ5 huaŋ1 ŋi3] unhappy
不礼貌的 [mo2 lɛ3 lou4 lɛ] impolite
不平常的 [mɛ3 paŋ2 suoŋ2] unusual
不舒畅的 [mɛ5 ts'y1 luoŋ4] uncomfortable
不熟悉的 [mɛ5 sy7 sɛi6] unfamiliar
不同意 [mɛ5 tuŋ2 ɛi4] disagree
不一样 [mɛ5 so7 sɛi6] different
不正确的 [mɛ5 tsiaŋ4 k'ou6 lɛ] incorrect
布 [puo4] cloth, fabric
布丁 [kuo3 touŋ4] pudding
步 [puo5] step
部队 [puo5 tuoi5] army
部落 [puo5 lou7] tribe
部门 [puo5 muoŋ2] administration, section
擦 [ts'ɛi6] wipe
才智 [tsai2] wisdom
财产 [tsai2 laŋ3] property
菜 [ts'ai4] vegetable
菜单 [ts'ai4 laŋ1] menu
菜蓟 [ts'ai4 kie4] artichoke
参观 [ts'iaŋ1 kuaŋ1] visit
参观者 [ts'iaŋ1 kuaŋ1 nøyŋ2] visitor
参加 [ts'iaŋ1 ka1] join
参考 [ts'iaŋ1 k'o3] reference
参议员 [ts'iaŋ1 ŋie5 uoŋ2] senator
参议院 [ts'iaŋ1 ŋie5 ieŋ5] senate
餐馆 [ts'uaŋ1 uaŋ3] restaurant

残疾 [tsaŋ2 hie4] disability
残疾的 [tsaŋ2 hie4 lɛ] disabled
残疾人 [tsaŋ2 hie4 nøyŋ1] handicapped
仓库 [ts'ouŋ1 k'ou4] depot
草 [ts'au3] grass
草木 [ts'au3 mu7] plant
厕所 [ts'ɛi6 su3] lavatory, toilet
叉 [ts'a1] fork
插 [ts'ia6] plug
插口 [ts'ia6 k'au3] faucet
茶 [ta2] tea
查号服务 [tsia1 ho5 hu7 ou5] directory
 assistance
刹车 [sa9 ts'ia1] brake (*n.*)
柴油 [ts'a2 ieu3] diesel
产品 [saŋ3 p'iŋ3] product (*n.*)
尝 [suoŋ2] taste
场 [tuoŋ2] field
场景 [tuoŋ2 kiŋ3] scene
唱 [ts'uoŋ4] sing
超过 [ts'ieu1 kuo4] excess (*n.*); over (*prep.*)
超市 [ts'ieu1 ts'ɛi5] supermarket
炒 [ts'a3] fry
车 [ts'ia1] vehicle
车道 [ts'ia1 lo5] lane
车轮 [ts'ia1 luŋ2] wheel
车轴 [ts'ia1 ty7] axle
成对 [siŋ2 tøy4] twin
成为 [siaŋ2 uoi2] become
成语 [siŋ2 ŋy3] idiom
成员 [siŋ2 uoŋ2] member
诚实的 [siŋ2 si7 lɛ] honest
承认 [siŋ2 nɛiŋ5] admit

程序 [t'iaŋ2 søy5] program
惩罚 [tiŋ1 hua7] punish
橙 [tsɛiŋ2] orange
吃 [sie7] eat
迟到 [ti2 lo4] late
尺寸 [ts'uo6 ʒouŋ4] size
齿轮 [k'i3 luŋ2] gear
翅膀 [si7 si7] wing
冲击 [ts'yŋ1 kɛi6] concussion
充 [tɛiŋ2] fill
虫 [t'øyŋ2] insect, worm
虫咬 [t'øyŋ2 ka5] insect bite
宠物 [t'uŋ3 u7] pet
抽水 [t'ieu1 tsuoi3] pump
抽屉 [t'ɑ4] drawer
出口 [ts'u6 k'au3] exit; export
出生证 [ts'u6 sɛiŋ1 tsɛiŋ4] birth
  certificate
出现 [ts'u6 hieŋ5] out (*adv.*); appear
除了 [ty2 o1] except
除夕 [saŋ1 nɛi7 maŋ2 muo1] New Year's
  Eve
厨房 [tuo2 puŋ2] kitchen
厨师 [tuo2 ly1] cook
橱柜 [pie6 lieu2] cabinet
穿 [søyŋ5] dress, wear (*v.*)
穿过 [ts'uoŋ1 kuo4] across
传 [tuoŋ2] transfer
传染 [tuoŋ2 nieŋ3] infect
传染病 [tuoŋ2 lieŋ3 paŋ5] infection
传染的 [tuoŋ2 nieŋ3 lɛ] infected
传送 [tuoŋ2] deliver
传统 [tuoŋ2 t'uŋ3] tradition

传统的 [tuoŋ2 t'uŋ3 lɛ] traditional
传真 [tuoŋ2 tsiŋ1] fax (n.)
船 [suŋ2] ship
窗户 [k'aŋ3 muoŋ2 ŋian3] window
床 [ts'ouŋ2] bed
床单 [ts'ouŋ2 naŋ1] sheet (n.)
床垫 [ts'ouŋ2 taiŋ5] mattress
吹口哨 [pi1 βi1 hyoŋ3] whistle (v.)
春 [ts'uŋ1] spring
春节 [ts'uŋ1 ʒai6] New Year
纯净 [suŋ2 tsiaŋ5] pure
次要的 [ts'y4 ieu4 lɛ] minor (adj.)
刺穿 [ts'ie4 ts'ouŋ1] puncture
从未 [t'au4 lɛ3 tu1 mo2] never (adv.)
丛林 [tsuŋ2 liŋ2] jungle
粗 [ts'u1] rough
村 [ts'ouŋ1] village
存款 [tsouŋ2 k'uaŋ3] deposit
错的 [taŋ5 lɛ] wrong, false (adj.)
打电话 [p'a6 tieŋ5 ua5] call (v.)
打劫 [ts'uoŋ3 tou7] rob
打结 [p'a6 kie6] knot
打猎 [p'a6 la7] hunt
打扰 [p'a6 ts'a3] disturb
打扫 [sau4] clean
打印机 [ta3 ɛiŋ4 ki1] printer
打仗 [p'a6 t'uoŋ4] battle (n.)
打折 [p'a6 tsie6] discount
大 [tuai5] big, large
大道 [tuai5 to5] avenue
大豆 [tuai5 nau5] soy
大叫 [tuai5 ko4] yell
大教堂 [tuai5 kau4 louŋ2] cathedral

大人 [tuai5 nøyŋ2] adult
大声 [tuai5 liaŋ1] loud
大师傅 [tuai5 sa1 au5] chef
大使 [tuai5 lai3] ambassador
大使馆 [tuai5 lai3 uaŋ3] embassy
大事 [tuai5 tai5] event
大厅 [tuai5 liaŋ1] lobby
大腿 [tuai5 t'øy3] thigh
大学 [tai5 ou6] university
逮捕 [tai5 puo5] arrest (*v.*)
代理 [tai5 li3] agency
代理人 [tai5 li3 nøyŋ2] agent
代替 [tai5 t'ɑ4] replace, substitute
带 [tai4] ribbon
带来 [tai4 li2] bring
贷款 [tai5 k'uaŋ3] loan (*n.*)
担心 [taŋ1 niŋ1] worry (*v.*)
单程 [taŋ1 liaŋ2] one-way
单独 [taŋ1 tu7] alone
单独的 [taŋ1 tu7 lɛ] separate (*adj.*)
单个 [taŋ1 i6] single (*n.*)
单身的 [taŋ1 niŋ1] single (*adj.*)
单元房 [taŋ1 ŋuoŋ2 ʒuo4] apartment
胆小 [taŋ3 sieu3] scary
但是 [taŋ4 sɛi5] but (*conj.*)
淡菜 [taŋ5 ʒai4] mussels
蛋 [lɔuŋ5] egg
蛋糕 [lɔuŋ5 o1] cake
当地 [touŋ1 tɛi5] local
当心 [touŋ1 niŋ1] beware
刀 [to1] knife
岛 [to3] island
倒 [to4] pour

倒退 [to3 t'øy4] reverse (*v.*)
到达 [ti2 ta7] arrive
道路 [to5 lou5] path
道歉 [to5 k'ien4] apologize
得到 [to2 tuo7] get
的士 [ti6 søy5] cab, taxi
灯 [tɛiŋ1] lamp, light
登出 [tɛiŋ1 ts'ou6] check out
登机牌 [tɛiŋ1 ki1 pɛ2] boarding pass
登记 [tɛiŋ1 ŋɛi4] registration
登入 [tɛiŋ1 i7] check in
等 [tiŋ3] wait
等会儿 [tiŋ3 la5] later
低 [tɛ1] low
敌对 [ti7 tɔy4] hostile
敌人 [ti7 iŋ2] enemy
底部 [tɛ3] bottom
地 [tɛi5] land, ground (*n.*)
地板 [ti5 pɛiŋ3] floor
地点 [ti5 tieŋ3] location
地方 [ti5 uoŋ1] place
地球 [ti5 kieu2] earth
地区 [ti5 k'y1] area, district, region
地毯 [t'i5 t'aŋ3] carpet
地铁 [ti5 t'ie6] subway
地铁站 [ti5 t'ie6 tsiaŋ5] metro station
地图 [ti5 lu2] map
地下 [ti5 a5] underground (*adj./adv.*)
地下室 [ti5 a5 lɛi6] basement
地震 [ti5 tsiŋ3] earthquake
地址 [ti5 tsi3] address (*n.*)
第二 [tɛ5 nɛi5] second
第一 [tɛ5 ɛi6] first

癫痫 [yoŋ2 hiŋ2] epileptic
点 [tieŋ3] point
点火 [kʼi3 huoi3] ignition
点心 [tieŋ3 niŋ1] snack (*n.*)
点钟 [tɛiŋ3 ʒyŋ1] clock; o'clock
电 [tieŋ5] electric
电池 [tieŋ5 tʼu4] battery
电话 [tieŋ5 ua5] phone, telephone
电话号码 [tieŋ5 ua5 ho5 ma3] phone
 number
电话卡 [tieŋ5 ua5 kʼa3] phone card
电话亭 [tieŋ5 ua5 tiŋ2] phone booth
电缆 [tieŋ5 laŋ3] cable
电力 [tieŋ5 li7] electricity
电脑 [tieŋ5 no3] computer
电视 [tieŋ5 sɛi5] television
电梯 [tieŋ5 nai1] elevator
电线 [tieŋ5 liaŋ4] wire
电影 [tieŋ5 iŋ3] cinema, film, movie
电影院 [tieŋ5 iŋ3 ieŋ5] movie theater
电子邮件 [tieŋ5 tsy3 ieu2 yoŋ5] e-mail
店 [taiŋ4] store
雕刻 [teu1 kʼai6] engraving
雕塑 [teu5 sou4] sculpture
雕像 [tɛu1 tsʼuoŋ5] statue
钓鱼 [tieu4 ŋy2] fishing
钓鱼证 [tieu4 ŋy2 tsɛiŋ4] fishing license
碟 [tie7] dish
顶点 [tiŋ3 tieŋ3] peak, top
定量 [tiŋ5 luoŋ5] ration
东 [tøyŋ1] east
东北 [tøyŋ1 pɔy6] northeast
冬 [tøyŋ1] winter

动词 [tuŋ5 sy2] verb
动物 [tɔuŋ2 u7] animal
动物园 [tuŋ5 u7 huoŋ2] zoo
洞 [k'øyŋ1 k'øyŋ1] hole
豆 [tau5] bean
读 [t'øy7] read
读书 [t'øy7 tsy1] study
堵塞 [sɛi6] jam
渡船 [tu5 luŋ2] ferry
短袜 [tøy3 ua7] sock
短语 [tøy3 ŋy3] phrase
对比 [tøy4 pi3] compare
对不起 [tøy4 pu6 tsøy5] sorry
兑现 [tɔy4 hieŋ5] cash (*v.*)
多 [tɔ1] more (*adv.*)
多余的 [tɔ1 y2] spare (*adj.*)
额头 [ŋie7 lau2] forehead
恶心 [puo6 t'ou4] nausea
饿 [k'øyŋ1] hungry
儿子 [kiaŋ3] son
耳 [ŋɛi5] ear
耳聋 [ŋɛi5 løyŋ2] deaf
耳痛 [ŋɛi5 t'iaŋ4] earache
二十 [ni5 lɛi7] twenty
二手店 [ni5 ts'ieu3 laiŋ4] secondhand
 store
二月 [ni5 ŋuo7] February
发动机 [hua6 tɔuŋ5 ki1] engine
发红 [hua6 øyŋ2] flush
发烧 [hua6 sieu1] fever
发射 [hua6 sia5] shot
发誓 [hua6 sie5] swear
发音 [hua6 iŋ1] pronounce

罚款 [hua7 k'uaŋ3] penalty
法 [huɐ6] law
法案 [hua6 aŋ4] bill
法官 [hua6 kuaŋ1] judge
法院 [hua6 ieŋ5] court
番茄 [huaŋ1 k'εi5] tomato
翻译 [huaŋ1 i7] translate (*v.*); translator (*n.*)
反对 [huaŋ3 tɔy4] against
反腐剂 [huŋ3 hu3 tsia4] antiseptic
犯人 [huaŋ5 nøyŋ2] prisoner
犯罪 [huaŋ5 tsɔy5] crime
饭 [puoŋ5] meal
饭厅 [puoŋ5 niaŋ1] dining room
方向 [huoŋ1 hyoŋ4] direction
防虫液 [huoŋ2 t'øyŋ2 i7] insect repellant
防臭剂 [huoŋ2 ts'au4 tsia4] deodorant
防晒霜 [huoŋ2 puo7 souŋ1] sunblock
房车 [ts'uo4 ȝia1] sleeping car
房价 [ts'uo4 ka4] room rate
房间 [puŋ2 aŋ1] room
房子 [ts'uo4] house
飞 [puoi1] fly
飞机 [hi1 ki1] airplane, plane
非法的 [uoi2 hua6 lε] illegal
肥 [puoi2] fat
肥皂 [i2 ȝo5] soap
费 [hie4] fee
费用 [hie4 øyŋ5] charge (*n.*)
费用 [hie4 øyŋ5] fare
分 [huŋ1] cent
分 [puoŋ1] separate (*v.*)
分数 [huŋ5 nu4] score
分享 [huŋ1 hyoŋ3] share

分钟 [huŋ1 ʒyŋ1] minute
风 [huŋ1] wind
风暴 [huŋ1 po4] storm
风景 [huŋ1 kiŋ3] scenery (*n.*)
风景 [huŋ1 kiŋ3] view
风险 [huŋ1 hieŋ3] risk
封面 [huŋ1 mieŋ5] cover
锋利的 [lɛi5 lɛ] sharp
缝 [t'ieŋ4] sew
缝合 [t'ieŋ4] stitch
拂去 [ts'ɛi6] dust (*v.*)
服务 [hu7 ou5] serve (*v.*); service (*n.*)
服务费 [hu7 u5 hie4] cover charge
服务员 [hu7 u5 uoŋ2] server
符号 [hu2 ho5] symbol
符合 [hu2 ha7] fit
腐败 [hu5 pai5] corrupt
腐烂 [yoŋ1] rot (*v.*)
腐烂的 [yoŋ1 lɛ3] rotten
父母 [pa5 nɛ3] parent
父亲 [pa1 pa1] father
付 [hou4] pay
付款 [hou4 k'uaŋ3] payment
负担 [hu6 taŋ1] load (*v.*)
附近 [hu5 køyŋ5] nearby (*adj.*)
复活 [hu7 ua7] revive
复印 [hu6 ɛiŋ4] copy
复杂的 [hu6 tsia7 lɛ] complicated
腹泻 [paŋ5 nia4] diarrhea
改变 [kai3 pieŋ4] change (*v.*)
盖子 [kai4 kai4] lid
肝 [kaŋ1] liver
赶紧 [kaŋ3 ŋiŋ3] hurry

感觉 [kieŋ4 ŋɔy6] feel
橄榄 [ka3 laŋ3] olive
橄榄球 [kaŋ3 laŋ3 ŋieu2] rugby
干 [ta1] dry (*adj.*)
干扰者 [p'a6 ts'a3 tsia3] intruder
干洗店 [kanŋ1 nɛ3 taiŋ4] dry cleaner
刚才 [t'a3 lɛiŋ1] just
钢琴 [kouŋ1 iŋ2] piano
高 [kɛiŋ2] tall
高度 [ko1 tou5] altitude
糕 [ko1] pastry
歌 [ko1] song
革命 [kɛi6 mɛiŋ5] revolution
个人 [ko6 iŋ2] individual
个人的 [ko6 nøyŋ1 lɛ] personal
给 [k'øy6] give
跟 [kyŋ1] follow
更喜欢 [kaiŋ4 hi3 huaŋ1] prefer
工程 [køyŋ1 niaŋ2] project
工程师 [køyŋ1 niaŋ2 ny1] engineer
工具 [ka1 li1] tool
工具箱 [ka1 li1 suoŋ1] tool kit
工资 [køyŋ1 tsy1] salary
工作 [køyŋ1 ʒɔu6] job, work
工作日 [køyŋ1 ʒɔu6 ni7] weekday
公布 [kuŋ1 puo4] issue
公告 [kuŋ1 ko4] announcement
公共交通 [kuŋ1 køyŋ5 kau1 t'uŋ1]
  public transportation
公路 [kuŋ1 luo5] highway
公民 [kuŋ1 miŋ2] citizen
公升 [tsiŋ1] liter
公司 [kuŋ1 ni1] company

公用 [kuŋ1 øyŋ5] public

公用厕所 [kuŋ1 øyŋ5 ts'εi6 su3]
  public toilet

公用电话 [kuŋ1 øyŋ5 tieŋ5 ua5] public
  telephone

公园 [kuŋ1 huoŋ2] park

攻击 [kuŋ1 kεi6] assault, attack

共和 [køyŋ5 huo2] republic

狗 [k'εiŋ3] dog

购物车 [kεu1 u7 ts'ia1] cart

购物篮 [kεu1 u7 laŋ2 laŋ2] shopping
  basket

购物中心 [kεu1 u7 tyŋ1 niŋ1] shopping
  center

够 [kau4] enough

估量 [ku1 luoŋ5] estimate

古典 [ku3 tieŋ3] classic

古董 [ku3 luŋ3] antique

骨骼 [kɔu6 kɔu6] bone

鼓掌 [p'a6 ʒuoŋ3] clap

瓜 [kua1] melon

拐杖 [ky5 køy5] crutches

关 [kuoŋ1] close, shut (*v.*); off (*adv./adj.*)

关节炎 [kuaŋ1 tsεi6 ieŋ2] arthritis

关系 [kuaŋ1 hie5] relationship

观光 [kuaŋ1 kuoŋ1] sightseeing

官方的 [kuaŋ1 huoŋ1 lε] official

官僚 [kuaŋ1 lieu2] bureaucracy

管 [kuaŋ3] pipe

管理人 [kuaŋ3 li3 nøyŋ1] conductor

管弦乐队 [ŋou7 tuoi5] orchestra

光滑 [kuoŋ1 naŋ1] smooth (*adj.*)

光盘 [CD] CD

光盘 [kuoŋ1 puaŋ2] DVD
广播员 [kuoŋ3 po4 uoŋ2] announcer
广场 [kuoŋ3 tuoŋ2] square
广告 [kuoŋ3 ko4] advertisement
归还 [tɛiŋ2] return (*v.*)
规则 [kie1 tsai6] rule
诡计 [kuoi3 ie4] trick (*n.*)
贵 [kuo4] expensive
国会 [kuo6 huoi5] parliament
国际 [kuo6 tsie4] international
国家 [kuo6 ka1] country, nation
国家代码 [kuo6 ka1 tai5 ma3] country
  code
国内 [kuo6 nɔy5] domestic
果园 [kuo3 huoŋ2] orchard
果汁 [kuo3 tsai6] juice
过敏 [kuo4 miŋ3] allergy
过期时间 [kuo4 ki1 si6 kaŋ1] expiration
  date
孩子 [nie2 iaŋ3] kid
海 [hai3] sea
海岸 [hai3 kieŋ2] coast
海滨 [hai3 piŋ1] shore (*n.*)
海港 [hai3 køyŋ3] harbor
海关 [hai3 uaŋ1] customs
海关申报 [hai3 uaŋ1 siŋ1 po4] customs
  declaration
海军 [hai3 ŋuŋ1] navy
海滩 [hai3 t'aŋ1] beach
海鲜 [hai3 ts'ieŋ1] seafood
海洋 [hai3 yoŋ2] ocean
害虫 [hai5 t'øyŋ2] pest
害怕 [e5 kiaŋ1] afraid

寒冷 [ts'ɛiŋ4] cold
汗 [kaŋ5] sweat
汗衫 [haŋ5 naŋ1] shirt
行李 [hɛiŋ2 li3] baggage, luggage
行李检查 [hɛiŋ2 li3 kieŋ3 tsia1] baggage check
行人 [hɛiŋ1 iŋ2] pedestrian
航班 [houŋ2 paŋ1] flight
航班号码 [houŋ2 paŋ1 ho5 ma3] flight number
航海 [kiaŋ2 hai3] navigation
航行 [houŋ2 ŋɛiŋ2] sail
航线 [houŋ2 niaŋ4] airline
好 [ho3] good
好的 [a5 sai3] OK
好客 [ho5 k'a6] hospitality
好像 [ho3 ts'uoŋ5] seem
好意 [ho3 ɛi4] courtesy
好运 [ho3 ouŋ5] lucky
号码 [ho5 ma3] number
耗尽 [sai1 t'a6] exhaust
喝 [ts'uo6] drink (*v.*)
合法的 [ha7 hua6 lɛ] legal
合伙人 [ha7 huo3 nøyŋ2] partner
合金 [ha7 kiŋ1] metal
合理的 [ha7 li3 lɛ] reasonable
合同 [ha7 tøyŋ2] contract
和 [kɔyŋ5] and
和蔼的 [ho3 liaŋ4 lɛ] nice
盒子 [a7 a7] box (*n.*)
黑 [u1] black
很 [ia3] much (*adv.*); very (*adj.*)
很多 [ia3 la5] many

很好 [ia3 ho3] great
烘干机 [høyŋ1 kaŋ1 ki1] dryer
红 [øyŋ2] red
红酒 [øyŋ2 ʒieu3] wine
洪水 [huŋ2 ʒuoi3] flood
喉咙 [ho2 løyŋ2] throat
猴 [kau2] monkey
后面 [a5 lau3] rear (*adj.*)
后面 [au5] back
呼叫 [tuai5 ko4] shout
呼吸 [hu2 ɛi6] breathe
胡椒 [hu2 lieu1] pepper
胡萝卜 [øyŋ2 lo2 pu7] carrot
胡须 [ts'y4 lieu1] moustache
胡须膏 [ts'y4 lieu1 ko1] shaving cream
壶 [hu2] kettle, pot
湖 [u2] lake
户外 [hu5 ŋuoi5] outdoor (*adj.*)
护士 [hu5 løy5] nurse
护婴员 [po3 mu3] babysitter
护照 [hu5 ʒieu4] passport
花 [hua1] flower (*n.*); spend (*v.*)
花费 [hua1 hie4] cost
花生 [hua1 lɛiŋ1] peanuts
花园 [hua1 huoŋ2] garden (*n.*)
滑冰 [hua7 piŋ1] skate
滑雪 [hua7 suo6] ski
化学的 [hua4 ɔu7 lɛ] chemical
化妆品 [hua4 tsouŋ1 p'iŋ4] cosmetics
话务员 [ua5 u5 uoŋ2] operator
怀孕 [huai2 eiŋ5] pregnant
踝 [k'a1 møy7] ankle
坏的 [ŋai2 lɛ3] bad

坏掉的 [ŋai2 i2] broken
欢喜 [huaŋ1 ŋi3] happy
欢迎 [huaŋ1 ŋiŋ2] welcome
换 [uaŋ5] exchange
皇室 [huoŋ2 nɛi6] royalty
黄 [uoŋ2] yellow
黄油 [uoŋ2 ieu2] butter
灰 [hu1] ash
灰 [huoi1] dirt
恢复 [k'uoi1 hu7] retrieve
回报 [huoi2 po4] repay
回复 [huoi2 hu6] reply
回收 [huoi2 sieu1] recycle
汇率 [huoi5 lu7] exchange rate
会 [a5] can (*modal v.*)
会 [huoi5] meeting
会传染的 [ɛ5 tuoŋ3 nieŋ3 lɛ] contagious
会计 [huoi5 ie4] accountant
会议 [huoi5 ŋie5] conference
会议室 [huoi5 ŋie5 lɛi6] conference room
贿赂 [uoi3 lou5] bribe
婚礼 [huoŋ1 lɛ3] wedding
混合 [niaŋ3] mix
混凝土 [hun4 ning2 tu2*] concrete
活 [ua7] alive
活动 [ua7 tɔuŋ5] activity
火 [huoi3] fire
火柴 [tsy5 lau2 uoi3] firewood
火车 [huoi3 ʒia1] train
火车站 [huoi3 ʒia1 tsiaŋ5] train station
火警器 [huoi3 kiŋ3 kɛi4] fire alarm
火炉 [huoi3 lu2] stove
火焰 [huoi3 lie7] flame

或者 [hei7 tsia3] or
货 [huo4] goods
货币 [huo4 pɛi5] currency
货币兑换 [huo4 pɛi5 tɔy5 uaŋ5]
  currency exchange
货车 [huo4 ʒia1] truck
机场 [ki1 tuoŋ2] airport
机场税 [ki1 tuoŋ2 suoi4] airport tax
机动的 [ki1 tɔuŋ5 lɛ] motor
机器 [ki1 ɛi4] machine
肌肉 [ki1 ny7] muscle
鸡 [kie1] chicken
鸡豆 [kie1 lau5] chickpeas
积极分子 [tsi6 kɛi6 huŋ5 tsy3] activist
基础 [ki1 ts'u3] base
基础设备 [ki1 ʒu3 sie6 pɛi5]
  infrastructure
激怒 [ki6 nou5] irritate
急救箱 [ki6 kieu4 suoŋ1] first-aid kit
挤 [k'ai6] crowd
脊椎 [p'iaŋ1 tsi6 kɔu6] spine
计划 [kie4 hei7] plan
记得 [kɛi4 lɛ] remember
记号 [ki4 ho5] sign
记录 [kɛi4 luo7] record
记者 [ki4 tsia3] reporter
纪念碑 [ki4 nieŋ5 pi1] monument
季节的 [kie4 ʒie6 lɛ] seasonal
祭坛 [tsie4 t'aŋ2] altar
寄 [kie4] send, mail (*v.*)
加 [ka1] add
家 [ka1] home
家教 [ka1 kau4] tutor

家具 [ka1 køy5] furniture
家禽 [kie1 a6] poultry
家庭 [ka1 tiŋ2] family
甲板 [ka6 pɛiŋ3] deck
价钱 [ka4 ʒieŋ2] price
驾驶 [sai3] drive
驾驶证 [ka4 lai3 tsɛiŋ4] driver's license
坚果 [kieŋ1 ŋuo3] nuts
肩膀 [kieŋ1 nau2] shoulder
监狱 [kaŋ1 lo2] jail, prison
检查 [kieŋ2 tsia1] inspect, examine,
  check (*v.*)
检查点 [kieŋ2 tsia1 tieŋ3] checkpoint
检疫 [kieŋ3 i7] quarantine
剪 [tsɛiŋ3] cut
剪刀 [ka1 lo1] scissors
简单 [kaŋ3 taŋ1] plain
建筑 [kyoŋ3 nøy6] building
建筑学 [kyoŋ4 nøy6 hou7] architecture
健康 [kyoŋ4 k'ouŋ1] health
江 [køyŋ1] river
将军 [tsuoŋ4 ŋuŋ1] general
浆果 [tsuoŋ1 kuo3] berry
讲 [kouŋ3] say
讲话 [kouŋ3 ua5] talk
奖金 [tsuoŋ3 kiŋ1] bonus
奖品 [tsuoŋ3 p'iŋ3] prize
酱 [tsuoŋ4] sauce
交流 [kau1 lieu2] communication
交通 [kau1 t'uŋ1] traffic; transportation
交易 [kau1 i7] trade
郊区 [kau1 k'y1] suburb
胶带 [ni1 puo4] tape

胶水 [ka1 ʒuoi3] glue

嚼 [tsuo7] chew

角 [kɔy6] corner

脚 [k'a1] foot

教师 [kau4 ly1] teacher

教授 [kau4 lieu5] professor

教堂 [kau4 louŋ2] church

教育 [kau4 y7] education

酵母 [puoi2 mo3] yeast

接近的 [tsie6 k'øyŋ5 lɛ] closed

接受 [tsie6 sieu5] accept

接种疫苗 [tsie6 tsyŋ3 i7 mieu2]
  vaccinate

街 [kɛ1] street

街坊 [ts'uo4 βieŋ1] neighborhood

节日 [tsɛi6 ni7] festival, holiday

节省 [saŋ3] save

结冰 [kie6 piŋ1] frozen

结婚 [kie6 huoŋ1] marriage (*n*.); marry (*v*.)

结束 [kie6 sou6] end

结算 [kie6 souŋ4] settlement

姐妹 [tsia3 muoi4] sister

解释 [kai3 lɛi6] explain

介绍人 [kai4 lieu5 iŋ2] referee (*n*.)

介绍自己 [kai4 lieu5 tsi5 ia1]
  introduce oneself

戒指 [ts'ieu3 ʒi3] ring

今天 [kiŋ1 naŋ4] today

今晚 [kiŋ1 muo1] tonight

金 [kiŋ1] gold

金字塔 [kiŋ1 tsi5 t'a6] pyramid

紧急 [kiŋ3 kɛi6] emergency

紧密地 [kiŋ3 mi7 lɛ] close (*adv*.)

进口 [tsiŋ4 k'au3] import
进入 [kiaŋ2 tie3] enter (*v.*); entry (*n.*)
禁止 [kɛiŋ4 tsi3] prohibit
禁止吸烟 [kɛiŋ4 tsi3 sie6 houŋ1]
  non- smoking
经常 [kiŋ1 suoŋ2] often (*adv.*)
经济 [kiŋ1 tsia4] economy
经验 [kiŋ1 ŋien5] experience
惊喜 [kiŋ1 ŋi3] surprise
精力 [tsiŋ1 li7] energy
景象 [kiŋ3 ts'uoŋ5] sight
警报 [kiŋ2 mɔ4] alarm
警察 [kiŋ3 ʒia6] police
警察局 [kiŋ3 ʒia6 ŋuo7] police station
警告 [kiŋ3 ko4] warning
警官 [kiŋ3 kuaŋ1] officer
镜头 [kiaŋ4 nau2] lens
镜子 [kiaŋ4] mirror
九 [kau3] nine
九十 [kau3 lɛi7] ninety
九月 [kau3 ŋuo7] September
酒吧 [tsieu3 pa1] bar
酒店 [tsieu3 laiŋ4] hotel
酒精 [tsieu3 tsiŋ1] alcohol, liquor
酒醉 [tsieu3 tsuoi4] drunk
救护车 [ki6 kieu4 ʒia1] ambulance
居住者 [ky2 tieu5 nøyŋ2] occupant
举 [ky3] lift
句子 [kuo4] sentence
锯 [køy4] saw
聚会 [tsy5 ts'uaŋ1] party
决定 [kyo6 tɛiŋ5] decision
决意 [kyo6 ɛi4] decide

军队 [puo5 tuoi5] military

咖啡 [ka1 βi1] coffee

咖啡馆 [ka1 βi1 kuaŋ3] café

卡 [k'a3] card

开 [k'uoi1] open

开始 [k'ai1 sy3] beginning, start

开锁 [k'uoi1 so3] unlock

开销 [k'uoi1 sieu1] expense

开着的 [k'uoi1 lɛ] on

看 [k'aŋ4] look

看见 [k'aŋ4 ŋieŋ4] see

看命先生 [k'aŋ4 miaŋ5 siŋ1 naŋ1]
  fortune-teller

抗凝剂 [huoŋ2 ŋi7 tsia4] antifreeze

抗生素 [k'ouŋ4 nɛiŋ1 nou4] antibiotics

抗议 [k'ouŋ4 ŋie5] protest

考试 [k'o3 ʒy1] test

烤的 [k'o3 lɛ] roasted

烤炉 [k'o3 lu2] oven

靠近 [k'o4 køyŋ5] near (*prep.*)

科学 [k'uo1 ou7] science

咳嗽 [sau4] cough

可靠的 [k'o3 k'o4] reliable

可可粉 [k'o3 k'o3 huŋ3] cocoa

可能 [k'o3 nɛiŋ2] might; probably (*adv.*)

可能的 [k'o3 nɛiŋ2 lɛ] possibly

克 [k'ai6] gram

客房服务 [k'a6 puŋ2 hu7 ou5] room
  service

客户 [nøyŋ2 ŋa6] client

客人 [nøyŋ2 ŋa6] customer; guest

课程表 [k'uo1 liaŋ2 pieu3] schedule

空 [k'øyŋ1] empty

空气 [k'uŋ1 k'ɛi4] air
空调 [k'uŋ1 tieu2] air conditioning
空位 [k'øyŋ4 uoi5] vacancy
恐怖分子 [k'yŋ3 puo5 huŋ5 tsy3]
  terrorist
控告 [k'ouŋ4 ko4] accuse
口袋 [tøy5 tɔy5] pocket
口渴的 [ts'uoi4 ta1] thirsty
口头 [k'ɛu3 lau2] oral
哭 [t'ie2] cry
苦 [tɛu1] bitter
裤子 [k'ou4] pants
快 [k'ɑ4] quick; soon (adv.)
快 [k'uai4] express
快餐 [k'uai4 ts'uaŋ1] fast food
快车 [k'uai4 ts'ia1] express train
快速的 [k'uai4 sou6] rapid
宽松的 [k'uaŋ1 søyŋ1] loose
矿 [k'uaŋ4] mine
困难 [k'ouŋ4 naŋ5] difficult
垃圾 [puŋ4 no4] litter, trash (n.)
拉 [la1] pull
拉链 [la1 ki1] zipper
辣 [la7] spicy
来 [li2] come
来源 [lai2 ŋuoŋ2] source
栏杆 [laŋ2 aŋ1] fence
阑尾炎 [maŋ2 nouŋ2 ieŋ2] appendicitis
蓝 [laŋ2] blue
篮球 [laŋ2 ŋieu2] basketball
篮子 [laŋ2 laŋ2] basket
浪漫 [ai4 tsiŋ2] romance
浪漫的 [ai4 tsiŋ2 lɛ] romantic

老 [lau5] old

老板 [lo3 pɛiŋ3] employer, shopkeeper,
  owner

老婆 [lau5 ma3] wife

老人 [lau5 nøyŋ2] senior

老鼠 [lo3 ʒy3] mouse, rat

乐器 [ŋou7 kɛi4] musical instrument

雷 [lai2 uŋ1] thunder

类型 [løy5 hiŋ2] type (n.)

离合器踏板 [li2 ha7 kɛi4 ta7 pɛiŋ3]
  clutch pedal

离开 [lie5 k'uoi1] away; departure (n.);
  depart, leave (v.)

黎明 [t'ieŋ1 ŋuoŋ1 ʒa3] dawn

礼拜堂 [lɛ3 pai4 louŋ2] chapel

礼貌的 [u5 lɛ3 mau5 lɛ] polite

礼物 [lɛ3 u7] gift

里面的 [tie3 lie4 lɛ] inside

理发师傅 [t'ie4 lau2 la1 au5] barber

力量 [li7 luoŋ5] power

立法机关 [li7 hua6 ki1 uaŋ1] legislature

利润 [li4 øyŋ5] profit

例子 [lie5] example

连接 [lieŋ2 tsie6] junction

连接线 [lieŋ2 tsie6 siaŋ4] jumper
  cables

连衣裙 [lieŋ2 i1 kuŋ2] dress (n.)

联盟 [lieŋ2 mɛiŋ2] league, union

链 [lieŋ5] chain

凉鞋 [luoŋ2 e2] sandals

两回 [laŋ5 uoi2] twice (adv.)

两毛五 [laŋ5 nɔy6 puaŋ4] quarter

量 [luoŋ2] measure

猎人 [la7 nøyŋ2] hunter
邻居 [liŋ2 ky1] neighbor
临时 [liŋ2 si2] temporary
临时的 [liŋ2 si2 i2] casual
淋浴 [sɛ3 liŋ1] shower
铃 [liŋ2] bell
零 [liŋ2] zero
领带 [liaŋ3 nai4] tie
领导 [liaŋ3 to5] leader
领会 [liaŋ3 huoi5] understand
领事馆 [liaŋ3 ny3 uaŋ3] consulate
领土 [liŋ3 t'u3] territory
另外的 [liŋ5 ŋuoi5 lɛ] extra
流感 [lieu2 kaŋ3] influenza, flu
流利 [lieu2 lei4] fluent
流血 [lau2 hai6] bleed
六 [løy7] six
六十 [løy7 sɛi7] sixty
六月 [løy7 ŋuo7] June
笼子 [kaŋ1 lo2] cage
楼梯 [lau2 t'ai1] stairs
录像 [luo7 ts'uoŋ5] video
路 [tuo5] road
路线 [luo5 liaŋ4] route
露营 [lu4 iŋ2] camp
露营地 [lu4 iŋ2 tɛi5] campground
轮胎 [luŋ2 t'ai1] tire
轮椅 [luŋ2 ie3] wheelchair
螺丝 [løy2 βi1] screw
螺丝刀 [løy2 βi1 ka3] screwdriver
裸体 [lo2 t'ɛ3] naked
裸体海滩 [lo2 t'e3 hai3 t'aŋ1] nudist
  beach

落后 [lou7 hau5] behind
旅程 [ly3 lian2] itinerary
旅行 [ly3 ɛin2] trip
旅客 [ly3 k'a6] passenger
旅社 [ly3 lia5] hostel, inn
旅游 [ly3 ieu2] travel; vacation
铝箔 [ly3 po7] aluminum foil
律师 [lu7 sy1] attorney, lawyer
绿 [luo7] green
妈妈 [ma1 ma1] mother
麻烦 [ma2 huan2] trouble
麻醉 [ma2 ʒuoi4] anesthetic
马 [ma3] horse
马铃薯 [huan1 ɲian ny2] potato
马上 [ma3 suon5] instant
码头 [ma3 lau2] dock
埋 [muai2] bury
买 [me3] purchase, buy
麦片 [ma7 p'ien4] cereal
卖 [mɑ5] sell (*v.*)
卖光 [mɑ5 uon2] sold out
脉搏 [ma7] pulse
慢 [main5] slow
忙 [moun2] busy
猫 [ma2] cat
毛巾 [ts'ieu3 yn1] towel
毛毯 [mo2 t'an3] blanket
冒犯 [mo5 huan5] offend
冒险 [mo5 hien3] hazard
帽子 [mo5] hat
没有 [mo2] without
每年的 [muoi3 nien2 lɛ] annual
每一个 [muoi3 so7 tsie6] every

美国 [mi3 uo6] United States
美味 [ho3 sie6] delicious
门 [muoŋ2] door
谜 [mɛi5] puzzle
米 [mi3] meter; rice
秘密 [pi4 mi7] mystery, secret
秘书 [pi4 tsy1] secretary
密码 [mi7 ma3] password
蜜 [mi7] honey
蜜蜂 [mi7 p'uŋ1] bee
蜜月 [mi7 ŋuo7] honeymoon
棉花 [mieŋ2 ua1] cotton
免费 [mieŋ3 hie4] free
免税 [mieŋ3 suoi4] duty-free
面 [mieŋ5] noodles, pasta
面 [mɛi4] face
面包 [mieŋ5 pau1] bread
面包店 [mieŋ5 pau1 taiŋ4] bakery
面粉 [mieŋ5 ŋuŋ3] flour
面纱 [miŋ4 na1] veil (*n.*)
庙 [mieu5] temple
民间 [miŋ2 aŋ1] folk
民间艺术 [miŋ2 aŋ1 ŋie5 lu7] folk art
民主 [miŋ2 tsuo3] democracy
敏感 [miŋ2 kaŋ3] sensitive
名 [miaŋ2] name
明年 [maŋ2 nieŋ2 maŋ2] next year
明天 [miŋ2 naŋ4] tomorrow
明信片 [miŋ2 siŋ4 pi'eŋ4] postcard
命令 [miŋ5 lɛiŋ5] dictate, order
摸 [muo1] touch
摩托车 [k'iŋ1 k'ie2] motorcycle
陌生人 [saŋ1 ŋouŋ5 nøyŋ2] stranger

墨水 [møy7 ʒuoi3] ink
谋反 [mɛu2 huaŋ3] rebellion
拇指 [tuai5 mo3 ko1] thumb
木 [mu7] wood
目的 [mu7 tɛi6] purpose
目的地 [mu7 ti6 tɛi5] destination
目录 [mu7 luo7] directory
沐浴 [sɛ3 liŋ1] bathe
牧师 [muo7 sy1] priest
墓地 [muo4 lɛi5] cemetery
穆斯林 [mu7 sy1 liŋ2] Muslim
拿 [to2] carry, take
那 [hy3] that
那里 [hu3 uai4] there
奶酪 [nai3 lou7] cheese
奶奶 [i1 ma3] grandmother
奶油 [nai3 ieu2] cream
耐心 [nai5 liŋ1] patience
男 [naŋ2] man
男孩 [tɔuŋ5 muo1 ŋia ŋ3] boy
男朋友 [naŋ2 pɛiŋ2 ieu3] boyfriend
南 [naŋ2] south
难 [naŋ2] hard
难民 [naŋ5 miŋ2] refugee
脑力的 [no3 li7 lɛ] mental
内衣 [nøy5 i1] underwear
能 [a5] able
尼姑 [nɛ2 u1] nun
泥 [nɛ2] mud
你 [ny3] you (*pron.*)
你好 [ny3 ho3] hello, hey (*interjection*)
年 [nieŋ2] year
年龄 [nieŋ2 liŋ2] age

年轻 [nieŋ2 kʼiŋ1] young (*adj.*)
尿布 [nieu5 puo4] diaper
柠檬 [niŋ2 muŋ2] lemon
凝固 [ŋi7] freeze
牛 [ŋu2] bull, cattle
牛奶 [ŋu2 nɛiŋ2] milk
牛奶的 [ŋu2 nɛiŋ2 lɛ] dairy
牛排 [ŋu2 pɛ2] steak
牛肉 [ŋu2 ny7] beef
牛仔裤 [ŋu2 iaŋ3 ŋou4] jeans
纽扣 [kʼau4] button
农场 [nuŋ2 tuoŋ2] farm
农业 [nuŋ2 ŋie7] agriculture
弄干 [tsʼouŋ5 ta1] dry (*v.*)
弄破 [tso4 pʼuai4] break (*v.*)
暖 [nouŋ3] warm
女 [ny3] female
女儿 [tsy1 nøyŋ2 kiaŋ3] daughter
女孩 [tsy1 nøyŋ2 kiaŋ3] girl
女朋友 [ny3 pɛiŋ2 ieu3] girlfriend
女仆 [ny3 pʼu7] maid
女士 [ny3 ai4] woman
女士 [ny3 søy5] lady
欧洲 [ɛu1 tsieu1] Europe
欧洲人 [ɛu1 tsieu1 nøyŋ1] European
呕吐 [tʼou4] vomit
爬 [pa2] climb, mount
拍片 [pʼa6 piʼeŋ4] X-ray
排除 [pɛ2 ty2] exclude
排队 [pɛ2 tuoi5] queue
排骨 [pɛ2 ɔu6] rib
排水 [pɛ2 ʒuoi3] drain
牌照 [pɛ2 tsieu4] license, license plate

盘 [puaŋ2 puaŋ2] tray
旁边 [pouŋ2 mieŋ1] side
跑 [pie4] run
喷泉 [puŋ4 tsuoŋ2] fountain
朋友 [pɛiŋ2 ieu3] friend
碰到 [p'ɔuŋ5 tuo7] meet (*v.*)
皮 [p'uoi2] leather; skin
啤酒 [pi1 ʒieu3] beer
偏头痛 [t'au2 t'iaŋ4] migraine
片 [pi'eŋ4] piece
漂亮的 [p'ieu4 luoŋ5] beautiful
票 [p'ieu4] ticket
拼 [p'iŋ1] spell
贫瘠的 [piŋ2 tsɛi6] sterile
贫困 [piŋ2 k'ouŋ4] poverty
贫血 [piŋ2 hai6] anemic
频道 [piŋ2 to5] channel
品脱 [p'iŋ3 t'ɔuŋ5] pint
平 [paŋ2] even, flat
平常 [paŋ2 suoŋ2] usual (*adj.*)
平锅 [paŋ2 tɛ3 kuo1] pan
平台 [piŋ2 tai2] platform
苹果 [piŋ2 kuo3] apple
屏 [piŋ2] screen
瓶 [piŋ2] bottle
仆人 [p'u6 iŋ2] servant
葡萄 [po1 lo2] grape
普通的 [p'u3 tuŋ1 lɛ] ordinary
七 [ts'ɛi6] seven
七十 [ts'i6 sɛi7] seventy
七月 [ts'i6 ŋuo7] July
期限 [ki1 aiŋ5] deadline
欺骗 [p'ieŋ4] fraud

其他的 [ki2 t'a1] other
祈祷 [ki2 to3] pray
骑 [k'ie2] ride
旗 [ki2] flag
乞丐 [k'øy6 sie7] beggar
起来 [k'i3 li2] up (adv.)
起诉 [k'i3 sou4] prosecute
气候 [k'i4 au5] climate
气味 [εi5] odor
汽车 [k'i4 ʒia1] automobile, car
汽车旅馆 [k'i4 ʒia1 ly3 uaŋ3] motel
汽车站 [k'i4 ʒia1 tsiaŋ5] bus terminal
汽笛 [k'i4 ti7] siren
汽油 [k'i4 ieu2] gasoline, petrol
器官 [k'i4 kuaŋ1] organ
千 [ts'ieŋ1] thousand
千克 [ts'ieŋ1 k'ai6] kilogram
千米 [ts'ieŋ1 mi3] kilometer
迁移 [ts'ieŋ1 ie2] transplant
铅笔 [yoŋ2 mεi6] pencil
签名 [ts'ieŋ1 tsεi5] signature
签证 [ts'ieŋ1 tsεiŋ4] visa
前面 [sεiŋ2 nau3] front
前台 [sεiŋ2 tai2] front desk
钱 [tseiŋ2] money
钱包 [tsieŋ2 pau1] purse, wallet
枪 [ts'uoŋ1] gun
腔 [k'yoŋ1] accent
强奸 [kyoŋ2 kaŋ1] rape
强制的 [kyoŋ2 tsie4 lε] mandatory (adj.)
墙 [ts'uoŋ2] wall
敲打 [p'a6] knock
桥 [kyo2] bridge

巧克力 [qiao3 ke4 li4*] chocolate

侵入 [ts'iŋ1 i7] trespassing

亲 [tsou6] kiss

亲密 [ts'iŋ1 mi7] intimate

亲戚 [ts'iŋ1 ʒεi6] relative

寝具 [ts'ouŋ2 køy5] bedding

清单 [tsiŋ1 naŋ1] list

清真寺 [ts'iŋ1 tsiŋ1 sεi5] mosque

情况 [tsiŋ2 ŋuoŋ4] case

请 [ts'iaŋ3] please

请客 [ts'iaŋ3 k'a6] treat

请求 [ts'iaŋ3 kieu2] request

秋 [ts'ieu1] autumn, fall

球 [kieu2] ball

球棒 [kieu2 kouŋ4] bat

区号 [k'y1 ho5] dialing code

取消 [ts'y3 lieu1] cancel, undo

去 [k'o4] go

去年 [k'o4 nieŋ2 maŋ2] last year

权力 [kuoŋ2 li7] authority

全部 [tsuoŋ2 puo5] all (*pron.*); entire

拳击 [p'a6 kuŋ2 kei6] box (*v.*)

拳头 [kuŋ2 nau2] fist

确认 [k'ou6 nεiŋ5] confirm

裙子 [kuŋ2] skirt

然后 [tsi1 hau5] then (*adv.*)

燃料 [tsia2 lau5] fuel

染色 [niεŋ3 nai6] dye

绕道 [p'a1 la1] detour

热 [ie7] heat (*n.*); hot (*adj.*)

人 [nøyŋ2] human, people, person

人行道 [nøyŋ2 hεiŋ2 to5] pavement

人口 [iŋ2 k'εu3] population

人权 [iŋ2 kuoŋ2] human rights
人质 [iŋ2 p'ieu4] hostage
人种的 [iŋ2 tsyŋ3 lɛ] ethnic
认出 [nɛiŋ5 ts'ou6] recognize
任何 [ɛiŋ5 ho2] any
任何地方 [ɛiŋ5 ho2 ti5 uoŋ1] anywhere
任何人 [ɛiŋ5 ho2 nøyŋ2] anybody
任何事 [ɛiŋ5 ho2 tai5 ie4] anything
任何一个 [ɛiŋ5 ho2 so7 tsie6] anyone
扔 [k'œ3] throw
日历 [ni7 li7] calendar
日子 [ni7 tsi3] date
融化 [yoŋ2] melt
肉 [ny7] meat
肉桂 [ny7 kie4] cinnamon
如果 [y2 kuo3] if
辱骂 [tsou4] insult
入境签证 [tie3 kiŋ3 ts'ieŋ1 tsɛiŋ4]
  entry visa
入口 [tie3 k'au3] entrance
软 [nuoŋ3] soft
三 [saŋ1] three
三角 [saŋ1 kɔy6] triangle
三明治 [saŋ1 miŋ2 tɛi5] sandwich
三十 [saŋ1 nɛi7] thirty
伞 [saŋ3] umbrella
扫描机 [sau4 mieu3 ki1] scanner
森林 [sɛiŋ1 liŋ2] forest
杀 [sa6] kill
杀人 [t'ai2 nøyŋ1] murder
沙 [sai1] sand
沙拉 [sa1 la7] salad
沙龙 [sa1 lyŋ2] salon

沙漠 [sa1 mɔu7] desert
鲨鱼 [sai1 ŋy2] shark
晒伤 [puo7 suoŋ1] sunburn
山 [saŋ1] hill; mountain
山羊 [saŋ1 yoŋ2] goat
闪光 [sieŋ3 kuoŋ1] flare, flash
闪光照相 [sieŋ3 kuoŋ1 k'ia6 suoŋ4]
 flash photography
善良 [luoŋ2 sieŋ5] kind
伤害 [suoŋ1 hai5] harm
伤心 [suoŋ1 siŋ1] sad
商店 [taiŋ4] shop
商量 [souŋ1 nuoŋ2] consult
商人 [suoŋ1 iŋ2] merchant
上面 [kɛ2 lɛiŋ3] above
上诉 [suoŋ5 sou4] appeal
少 [tsieu1] little (*adj.*)
蛇 [sie2] snake
设备 [sie6 pɛi5] equipment
社团 [sia5 t'uaŋ2] club
射击 [sia5 kɛi6] shoot (*v.*)
身份证 [siŋ1 ouŋ5 tsɛiŋ4] identification
身体 [siŋ1 t'ɛ3] body
深 [ts'iŋ1] deep
什么 [sie6 miaŋ2] what
什么地方 [sie6 no6 ti5 uoŋ1] where (*adv.*)
什么时候 [mieŋ5 ŋau5] when
神圣的 [siŋ2 sɛiŋ4 lɛ] holy, sacred
肾 [sɛiŋ5] kidney
生 [ts'aŋ1] raw
生菜 [uo1 sung2] lettuce
生活 [sɛiŋ1 ua7] life
生面团 [ts'ia4] dough

生气 [k'ɛi4] mad (*adj.*)
生气 [sieu5 k'ɛi4] angry
生日 [saŋ1 ni7] birthday, date of birth
生意 [sɛiŋ1 ŋɛi4] business
声 [siaŋ1] sound
声音 [siaŋ1 iŋ1] voice
绳索 [so6] cord
绳子 [so6] rope
省 [sɛiŋ3] province
圣经 [sɛiŋ4 iŋ1] bible
失明 [ts'aŋ1 maŋ2] blind
失去的 [p'a6 mo2 lɛ3] lost
诗 [si1] poem
虱子 [sɛi6 mo3] lice
十 [sɛi7] ten
十八 [sɛi7 pai6] eighteen
十二 [sɛi7 nɛi5] twelve
十二月 [sɛi7 ni5 ŋuo7] December
十九 [sɛi7 kau3] nineteen
十六 [sɛi7 løy7] sixteen
十年 [sɛi7 nieŋ2] decade
十七 [sɛi7 ts'ɛi6] seventeen
十四 [sɛi7 sɛi4] fourteen
十五 [sɛi7 ŋou5] fifteen
十一 [sɛi7 ɛi6] eleven
十一月 [sɛi7 ɛi6 ŋuo7] November
十月 [sɛi7 ŋuo7] October
十字路口 [sɛi7 tsɛi5 tuo5 k'au3]
  intersection
石 [suo7] stone
石灰 [suo7 huoi1] lime
时间 [si2 kaŋ1] time
时刻 [si5 k'ai6] moment

识别 [si6 pie6] identify
实际 [si7 tsie4] actual
食品 [si7 p'iŋ3] food
食品中毒 [si7 p'iŋ3 tyŋ4 tu7] food
  poisoning
使用 [sai3] use (*v.*)
士兵 [piŋ1] soldier
世纪 [sie4 ki3] century
世界 [sie4 ka4] world
市 [ts'ɛi5] city
市场 [ts'i5 luoŋ2] marketplace
市长 [ts'i5 luoŋ3] mayor
市中心 [ts'ɛi5 tyŋ1 niŋ1] downtown
事情 [tai5 ie4] thing
试 [sɛi4] try
试验 [sɛi4 ŋien5] trial (*n.*)
试衣 [ts'i4 løyŋ5] fitting
试衣间 [ts'i4 i1 kaŋ1] changing room,
  fitting room
适当 [ti7 tɔuŋ4] proper (*adj.*)
室内 [ts'uo4 tie3] indoor
匙 [p'ieu2 ɛiŋ1] spoon
收到 [sieu1 tuo7] receive
收回 [sieu1 tuoŋ3] withdrawal
收集 [sieu1 tsi7] collect
收据 [sieu1 køy4] receipt; sales receipt
收入 [sieu1 i7] income
收音机 [sieu1 iŋ1 ki1] radio
手 [ts'ieu3] hand
手臂 [ts'ieu3 pie4] arm
手表 [ts'ieu3 pieu3] watch
手电筒 [ts'ieu3 tieŋ5] flashlight
手扶梯 [hu5 lai1] escalator

手工的 [ts'ieu3 køyŋ1 lɛ] mechanic
手机 [ts'ieu3 ki1] mobile phone
手提包 [ts'ieu3 t'i2 pau1] carry-on
手提的 [ts'ieu3 t'i2 lɛ] portable (*adj.*)
手提箱 [ts'ieu3 t'i2 suoŋ1] suitcase
手推车 [ts'ieu3 t'øy1 ʒia1] trolley (*n.*)
手腕 [ts'ieu3 uaŋ1] wrist
手指 [ts'ieu3 ʒai3] finger
守卫 [sieu3 uoi5] guard (*n.*)
受伤 [sieu5 suoŋ1] hurt, injury
瘦 [søy1] thin
书 [tsy1] book
书店 [tsy1 laiŋ4] bookstore
梳 [sœl] comb
疏散 [sœl saŋ3] evacuate
暑假 [sy1 a4] summer
树干 [ts'ieu4 liŋ1] trunk
数量 [su4 luoŋ5] amount, quantity
数学 [su4 ou7] math
双倍 [ha7 puoi5] double
双程 [søyŋ1 niaŋ2] round-trip
双程票 [søyŋ1 niaŋ2 p'ieu4] round-trip
  ticket
谁 [tie5 nøyŋ2] who (*pron.*)
水 [tsuoi3] water
水槽 [tsuoi3 so2] sink
水池 [tsuoi3 lie2] basin
水果 [tsuoi3 uo3] fruit
水壶 [tsuoi3 hu2] jug
水库 [tsuoi3 k'ou4] reservoir
水泥 [tsuoi3 nɛ2] cement
水泡 [tsuoi3 p'a4] blister
水平 [tsuoi3 βaŋ2] level

税 [suoi4] tax
睡袋 [suoi4 tɔy5] sleeping bag
睡觉 [k'ɔuŋ4] sleep
睡衣 [suoi4 i1] pajamas
睡着的 [k'ɔuŋ4 tuo7] asleep
说 [kouŋ3] speak, tell
说谎话 [luaŋ5 kouŋ3] lie
说明书 [suo6 miŋ2 tsy1] directions
司法 [sy1 hua6] justice
私家 [sai1 a1] private
私人财产 [sai1 a1 tsai2 laŋ3] private
  property
思想 [sy1 luoŋ3] thought
撕 [t'ie3] rip
死 [si3] die
死者 [si3 nøyŋ2] dead
四 [sɛi4] four
四季 [si4 ie4] season
四十 [si4 lɛi7] forty
四月 [si4 ŋuo7] April
送达 [sɔyŋ4 kau4] delivery
搜索 [seu1 so3] search (*n.*)
素食者 [sie7 ts'ai4 lɛ] vegetarian
速度 [sou6 tou5] rate, speed
速度仪 [sou6 tou5 ki1] speedometer
塑料 [su4 lau5] plastic
酸 [souŋ1] sour
酸奶 [souŋ1 nɛiŋ2] yogurt
隧道 [suoi5 to5] tunnel
损害 [souŋ3 sie7] damage
锁 [so3] lock
锁柜 [so3 kuoi5] locker
锁外面 [so3 ŋie5 lau3] lock out

他 [i1] he
他们 [i1 ko6 nøyŋ2] they
它 [i1] it
她 [i1] she
塌落 [t'a6] cave
踏板 [k'a1 ta7] pedal
太太 [t'ai4 t'ai4] Mrs. (*title*)
太阳 [ni7 t'au2] sun
汤 [t'ouŋ1] soup
糖果 [t'ouŋ2] candy
糖尿病 [t'ouŋ2 nieu5 paŋ5] diabetic
桃子 [t'o2] peach
陶器 [to2 kɛi4] pottery
讨论会 [t'o3 lɔuŋ5 uoi5] seminar
套房 [t'o4 puŋ2] suite
套装 [t'o4 ʒouŋ1] suit
特别的 [tɛi7 pie6] special
疼痛 [t'iaŋ4] pain (*n.*); sore (*adj.*)
疼痛的 [t'iaŋ4 lɛ] painful
踢 [t'ɛi6] boot; kick
提款机 [t'i2 k'uaŋ3 ki1] ATM
提升 [t'i2 siŋ1] promotion
提醒 [t'i2 siŋ3] remind; warn
提早 [t'i2 ʒa3] early
体育场 [t'ɛ3 y7 tuoŋ2] stadium
体育馆 [t'ɛ3 y7 kuaŋ3] gym
剃 [t'ie4] razor; shave
天 [ni7] day
天 [t'ieŋ1] sky
天气 [t'ieŋ1 kɛi4] weather
天然 [t'ieŋ1 yoŋ2] original
天真 [t'ieŋ1 tsiŋ1] innocent
甜 [tieŋ1] sweet

甜点 [ko1 βiaŋ3] dessert
挑 [t'ieu1] pick
条 [tɛu2] loaf
条款 [tɛu2 k'uaŋ3] item
调查 [tieu5 tsia1] inquiry
跳 [t'ieu4] jump
跳水 [t'ieu4 tsuoi3] dive
跳蚤 [ka5 ʒau3] flea
跳蚤市场 [ka5 ʒau3 ts'i5 luoŋ2] flea
  market
铁轨 [t'ie6 kuoi3] rail
铁路 [t'ie6 tuo5] railroad
厅 [t'iaŋ1] hall
听 [t'iaŋ1] hear, listen
停 [tiŋ2] stop
停留 [tiŋ2 lieu2] layover, stay
通道 [t'uŋ1 to5] aisle
通过 [t'uŋ1 kuo4] through
通行费 [t'uŋ1 hɛiŋ2 hie4] toll (*n.*)
通路 [t'øyŋ1 luo5] access (*n.*)
通宵 [t'au4 ia5] overnight (*adv.*)
通译 [huaŋ1 i7] interpret (*v.*);
  interpretation (*n.*)
通译官 [huaŋ1 i7 kuaŋ1] interpreter
同伴 [k'a1 lieu2 pouŋ1] companion
同事 [tung2 nøy5] associate (*n.*)
同性恋 [tuŋ2 siŋ4 luoŋ5] homosexual
同意 [tuŋ2 ɛi4] agree
桶 [t'øyŋ3] barrel
偷 [t'au1] steal
偷窃 [t'au1] stolen
偷商品 [t'au1 suoŋ1 p'iŋ3] shoplifting
头 [t'au2] head

头等 [t'au2 lɛiŋ3] first-class
头发 [t'au2 uo6] hair
头骨 [t'au2 kɔu6] skull
投降 [t'au2 houŋ2] surrender (v.)
投票 [tau2 p'ieu4] vote
投诉 [tau2 lou4] complain
图书馆 [tu2 ʒy1 kuaŋ3] library
徒步旅行 [tu2 puo5 ly3 ɛiŋ2] hike
屠夫 [t'ai2 ty1 i2] butcher
推 [t'iaŋ3] push
推迟 [t'øy1 ti2] postpone
推荐 [t'øy1 tsieŋ5] recommend
腿 [t'øy3] leg
退回 [t'øy4 tuoŋ3] withdraw
退款 [t'øy4 k'uaŋ3] refund
吞 [t'ouŋ1] swallow (v.)
托管 [t'ɔu6 kuaŋ3] childcare
拖 [t'ua1] trail
妥协 [nuoŋ5 puo5] compromise
外国 [ŋuoi5 kuo6] foreign
外国货币 [ŋuoi5 kuo6 tsieŋ2] foreign
  currency
外交家 [ŋuoi5 ŋau1 ka1] diplomat
外科 [ŋuoi5 k'uo1] surgery
外科医生 [ŋuoi5 k'uo1 i1 lɛiŋ1]
  surgeon
外面的 [ŋie5 lau3] outside
外甥 [ŋie5 lɛiŋ1] nephew
外甥女 [ŋie5 lɛiŋ1 ny3] niece
外套 [ŋuoi5 t'o4] coat, jacket
外形 [ŋuoi5 hiŋ2] profile (n.)
外语 [ŋuoi5 ŋy3] foreign language
豌豆 [kiŋ1 nau5] pea

完美 [uoŋ2 mi3] perfect
玩耍 [k'a6 lieu2] play (v.)
晚饭 [maŋ2] dinner
晚上 [maŋ2 muo1] evening
往日 [uoŋ3 ni7] ever
忘记 [mε5 kεi4] forget
危险 [uoi2 hieŋ3] danger
威胁 [uoi1 hie7] threat
微波 [mi2 βo1] microwave
为什么 [k'ε4 lie4] why (adv.)
围巾 [uoi2 yŋ1] scarf
卫生间 [uoi5 lεiŋ1 aŋ1] bathroom
卫生巾 [uoi5 lεiŋ1 yŋ1] sanitary napkin, tampon
卫星 [uoi5 liŋ1] satellite
未来 [ei5 lai2] future
位 [uoi5] seat
胃 [uoi5] stomach
胃口 [pi2 uoi5] appetite
温度 [uŋ1 tou5] temperature
温和的 [uŋ1 ho2] mild
文法 [uŋ2 hua6] grammar
文化 [uŋ2 ua4] culture
文件 [uŋ2 yoŋ5] document
闻 [pεi5] smell
蚊帐 [tuoŋ4] mosquito net
蚊子 [huŋ1 muoŋ2] mosquito
问 [muoŋ4] ask
问题 [uŋ5 nε2] problem, question
我 [ŋuai3] I
我们 [ŋuai3 ko6 ŋøyŋ2] we (pron.)
我们的 [ŋuai3 ko6 ŋøyŋ2 lε] our
卧室 [ŋuo5 lεi6] bedroom

污染 [u1 niɛŋ3] pollution
屋顶 [ts'uo4 ŋua5 liŋ3] roof
无处 [mo2 ti5 uoŋ1] nowhere (*adv.*)
无花果 [u2 ua1 uo3] fig
无家的 [mo2 ts'uo4 lɛ] homeless
无礼的 [mo2 lɛ3 lou4 lɛ] rude
无事 [mo2 tai5 ie4] nothing
无视 [u2 sɛi5] ignore
无线网络 [u2 liaŋ4 uoŋ3] wireless
 Internet
无知觉 [mo2 kaŋ3 kou7] unconscious
五 [ŋou5] five
五十 [ŋu5 lɛi7] fifty
午餐 [tau4] lunch
舞 [u3] dance
物资 [u7 tsy1] supplies
误会 [ŋuo5 huoi5] misunderstanding
雾 [muo2] fog
西 [se1] west
西北 [se1 pɔy6] northwest
吸烟 [sie7 houŋ1] smoke; smoking
稀少的 [hi1 tsieu3] rare
蜥蜴 [tu5 laiŋ5] lizard
膝盖 [k'a1 βu6 t'au2] knee
洗 [sɛ3] wash
洗涤剂 [sɛ3 i1 tsia4] detergent
洗发露 [sɛ3 lau2 ko1] shampoo
洗衣房 [sɛ3 i1 puŋ2] laundry
洗衣机 [sɛ3 i1 ki1] washing machine
洗澡 [sɛ3 liŋ1] bath
喜欢 [hi3 huaŋ1] like (*v.*)
喜剧 [hi3 k'yo7] comedy
戏剧 [hie4 k'yo7] drama

戏剧 [hieŋ4] opera
戏院 [hieŋ4 tuoŋ2] theater
下回 [a5 uoi2] next
下面 [a5 lɛ3] below
下午 [a5 lau4] afternoon
下雪 [lo7 suo6] snow (*v.*)
先生 [sieŋ1 sɛiŋ1] Mr. (*title*), sir
咸 [kɛiŋ2] salt
嫌疑犯 [hieŋ2 ɲi2 huaŋ5] suspect (*n.*)
显示 [hieŋ3 sɛi5] show, exhibit (*v.*)
现金 [hieŋ5 kiŋ1] cash (*n.*)
现在 [hieŋ5 ʒai5] now
限速 [ɛiŋ5 sou6] speed limit
限制 [ɛiŋ5 tsie4] limit (*v.*)
限制的 [ɛiŋ5 tsie4 lɛ] restricted (*adj.*)
宪法 [hyoŋ4 hua6] constitution
陷阱 [aŋ5 nɛiŋ4] trap (*v.*)
相等 [suoŋ1 tɛiŋ3] equal
相反 [suoŋ1 huaŋ3] opposite
相信 [suoŋ1 sɛiŋ4] believe
香槟 [hyoŋ1 piŋ1] champagne
香草 [hyoŋ1 ts'au3] vanilla
香肠 [hyoŋ1 louŋ2] sausage
香菇 [hyoŋ1 ŋu1] mushroom
香蕉 [pa1 ʒieu1] banana
香味 [hyoŋ1 ɛi5] flavor
想 [suoŋ3] think
想法 [suoŋ3 hua6] idea
想睡的 [ts'uŋ3] drowsy
向下 [hyoŋ4 kia5] down
项链 [houŋ5 lieŋ5] necklace
橡皮擦 [pi6 ts'o4] rubber
宵禁 [sieu1 kɛiŋ4] curfew

销售 [sieu3 lieu2] sale
销售税 [sieu3 lieu2 suoi4] sales tax
小 [nɔuŋ5] small
小船 [suŋ2 ɲiaŋ3] boat
小地毯 [sieu3 ti5 t'aŋ3] rug
小费 [sieu3 hie4] tip
小孩 [nie5 iaŋ3] child
小姐 [sieu3 tsia3] Ms. (*title*)
小路 [sieu3 luo5] alley, footpath
小麦 [sieu3 ma7] wheat
小时 [tɛiŋ3 ʒyŋ1] hour
哮喘 [hɛu4 ts'uaŋ3] asthma
笑 [ts'ieu4] laugh, smile
斜坡 [lo7 puo1] ramp
鞋 [e2] shoe
写 [sia3] write
谢谢 [sia5 lia5] thank you
心 [siŋ1] heart
心理学家 [siŋ1 li3 hou7 ka1] psychologist
心脏病 [siŋ1 ʒɔuŋ5 paŋ5] heart attack
新 [siŋ1] new (*adj.*)
新教 [siŋ1 kau4] Protestant
新闻 [siŋ1 uŋ2] news
新闻工作者 [siŋ1 uŋ5 køyŋ1 ʒɔu6 tsia3] journalist
新鲜 [ts'ieŋ1] fresh
信 [p'ie1] letter
信封 [p'ie1 lɔy5] envelope
信号 [siŋ4 ho5] signal
信件 [p'ie1 lɛiŋ4] mail (*n.*)
信任 [suong1 sɛiŋ4] trust
信息 [siŋ4 sɛi6] information, message
信息台 [siŋ4 sɛi6 tai2] information desk

信用 [siŋ4 øyŋ5] credit
信用卡 [siŋ4 yŋ5 kʼa3] credit card
星期二 [pai4 nɛi5] Tuesday
星期六 [pai4 løy7] Saturday
星期三 [pai4 saŋ1] Wednesday
星期四 [pai4 sɛi4] Thursday
星期五 [pai4 ŋou5] Friday
星期一 [pai4 ɛi6] Monday
醒来 [tsʼiŋ1 ʒaŋ3] wake
醒着 [tsʼiŋ1 ʒaŋ3 i2] awake
兴旺 [hiŋ1 uoŋ5] flourish
杏 [haiŋ5] apricot
杏仁 [hɛiŋ5 ŋiŋ2] almond
性 [sɛiŋ4] sex
姓 [saŋ4] surname
兄弟 [hiaŋ1 nie5] brother
休息 [hieu1 lɛi6] halt, rest
休息室 [hieu1 lɛi6 nɛi6] lounge
修理 [sieu1 li3] fix, repair
修理店 [sieu1 li3 laiŋ4] repair shop
需求 [sy1 ieu4] demand (*n.*)
需要 [sy1 ieu4] want, need (*v.*)
许可 [hy3 kʼo3] admission, permission,
  permit (*n.*)
许诺 [iŋ4 niŋ2] promise (*v.*)
宣布 [souŋ1 puo4] declare
悬崖 [hieŋ2 ŋai2] cliff
选 [souŋ3] select (*v.*)
选举 [souŋ3 ky3] election
选项 [souŋ3 tɛi7] option
选择 [souŋ3 tɛi6] selection (*n.*)
学 [o7] learn
学生 [hou7 sɛiŋ1] student

学校 [hou7 hau5] school
学院 [hou7 ieŋ5] academy
雪 [suo6] snow (*n.*)
血 [hai6] blood
血管 [hɛi6 kuaŋ3] vein (*n.*)
血型 [hɛi6 hiŋ2] blood type
寻找 [siŋ2 t'o3] seek
牙 [ŋa2] tooth
牙膏 [ŋai3 ko1] toothpaste
牙刷 [ŋai3 lɔu6] toothbrush
牙疼 [ŋai3 t'iaŋ4] toothache
牙医 [ŋai3 i1] dentist
烟 [houŋ1] cigarette
烟火 [ts'i2 li2 ua1] fireworks
淹死 [tsɛiŋ3 si3] drown
延期 [yoŋ2 k'i1] delay
严重 [ŋieŋ2 tøyŋ5] serious (*adj.*)
岩石 [suo7] rock (*n.*)
颜色 [ŋaŋ2 nai6] color
眼睛 [mɛi7 tsieu1] eye
眼镜 [ŋiaŋ3 ŋiaŋ4] eyeglasses
演员 [ieŋ3 uoŋ2] actor
羊 [yoŋ2] sheep
羊羔 [yoŋ2 ŋiaŋ3] lamb
羊毛 [yoŋ2 mo2] wool
阳台 [yoŋ2 tai2] balcony
洋葱 [yoŋ2 ts'øyŋ1] onion
氧气 [yoŋ3] oxygen
痒 [suoŋ5] itch
样本 [yoŋ5 puoŋ3] sample
邀请 [ieu1 ts'iaŋ3] invite
咬 [ka5] bite
药 [yo7] drug, medicine

药草 [yo7 ts'au3] herb
药店 [yo7 laiŋ4] drugstore, pharmacy
药方 [yo7 uoŋ1] prescription
药量过多 [yo7 kuo4 la5] overdose
药丸 [yo7 uoŋ2] pill
药物 [yo7 u7] medication
要求 [ieu2 kieu2] require
钥匙 [so3 lie2] key
椰子 [ia2 tsi3] coconut
噎 [kaŋ3] choke
爷爷 [i1 kuŋ1] grandfather
也 [ia5] also
野餐 [ia3 ts'uaŋ1] picnic
野生 [ia3 lɛiŋ1] wild
页 [hie7] page
夜 [ia5] night
夜生活 [ia5 sɛiŋ1 ua7] nightlife
液体 [ie7 t'ɛ3] liquid, fluid
一 [ɛi6] one
一把 [so7 pa3] dozen
一回 [so7 uoi2] once
一起 [tsɛ2] together
一双 [so7 søyŋ1] pair
一些 [so7 nɛi6] some
一样的 [so7 yoŋ5 lɛ] same
一月 [i6 ŋuo7] January
衣服 [i1 luoŋ2] clothing
医疗保险 [i1 lieu2 po3 ieŋ3] health
  insurance
医生 [i1 lɛiŋ1] doctor, physician
医院 [i1 ieŋ5] hospital
胰岛素 [i2 to3 lou4] insulin
移 [ie2] move (*v.*)

移动 [ie2 touŋ5] remove
移民 [ie2 miŋ2] immigration
移民的 [ie2 miŋ2 lɛ] immigrant
遗迹 [mi2 tsɛi6] ruins
遗失 [p'a6 mo2] lose
已婚的 [i3 uoŋ1] married
以后 [i3 au5] after
以前 [i3 sɛiŋ2] before (*prep.*)
椅 [ie3] chair
义工 [ŋie5 køyŋ1] volunteer
艺术 [ŋie5 lu7] art
异性恋 [i5 siŋ4 luoŋ5] heterosexual
意外 [i4 ŋuoi5] accident
因特网 [uoŋ3] Internet
因为 [iŋ1 ŋuoi5] because of
音乐 [iŋ1 ŋou7] music
音乐会 [iŋ1 ŋou7 huoi5] concert
音乐家 [iŋ1 ŋou7 ka1] musician
银 [ŋyŋ2] silver
银行 [ŋyŋ2 ŋouŋ2] bank
银行户头 [ŋyŋ2 ŋouŋ2 hu5 lau2] bank
  account
饮料 [iŋ3 lau5] beverage, drink (*n.*)
隐藏 [yŋ3 tsouŋ2] conceal
隐私 [yŋ3 sy1] privacy
英里 [iŋ1 li3] mile
英亩 [iŋ1 mu3] acre (0.4 hectares)
英语 [iŋ1 ŋy3] English language
婴儿 [ts'u6 sie4 iaŋ3] baby, infant
婴儿纸巾 [ts'u6 sie4 iaŋ3 tsai3 yŋ1]
  baby wipes
营救 [kieu4] rescue
赢 [iaŋ2] win

影响 [iŋ3 hyoŋ3] influence
应该 [iŋ4 ŋai1] ought
硬币 [huaŋ1 tsieŋ2 ŋiaŋ3] coin
佣金 [ts'ieu3 ly7 hie4] commission
拥有 [ou5] own (*v.*)
永久的 [iŋ3 ku3 lɛ] permanent (*adj.*)
勇气 [taŋ3] nerve
用餐 [yŋ5 ts'uaŋ1] dine
邮编 [ieu2 p'ieŋ1] postal code
邮费 [ieu2 hie4] postage
邮票 [ieu2 p'ieu4] stamp
邮箱 [ieu2 suoŋ1] postbox
邮政局 [ieu2 ʒiŋ4 ŋuo7] post office
犹太的 [ieu2 t'ai4 lɛ] kosher
犹太会堂 [ieu2 t'ai4 huoi5 louŋ2]
   synagogue
犹太人 [ieu2 t'ai4 nøyŋ2] Jew
油 [ieu2] oil
油门 [ieu2 muoŋ2] accelerator (gas pedal)
油箱 [ieu2 suoŋ1] gas tank
游客 [ieu2 k'a6] tourist
游戏 [ieu2 hie4] game, sport, play (*n.*)
游泳 [sieu2 tsuoi3] swim
游泳池 [ieu2 iŋ3 nie2] pool
有毒 [u5 tu7 lɛ] poison
有关 [iu3 kuaŋ1] about
有机的 [ieu2 ki1 lɛ] organic
有家具的 [ou5 ka1 køy5 lɛ] furnished
有空的 [u5 ɛiŋ2 lɛ] available
有趣 [u5 mɛi5] fun
有人 [u5 nøyŋ2] someone
有事 [u5 tai5 ie4] something

有线电视 [ieu2 siaŋ4 tieŋ5 sɛi5] cable TV

有资格 [u5 tsy1 ka6] qualify

有罪的 [u5 tsɔy5 lɛ] guilty

右边 [ieu5] right

鱼 [ŋy2] fish

鱼竿 [ŋy2 kaŋ1] fishing rod

娱乐 [ŋy2 lou7] entertainment

渔民 [ŋy2 miŋ2] fisherman

愉快的 [y2 k'uai4 lɛ3] pleasant

雨 [y3] rain

语文 [ŋy3 uŋ2] language

玉米 [ieu2 lieŋ1 mau4] corn

浴巾 [y7 kyŋ1] bath towel

浴衣 [y7 i1] bathing suit

预约 [y5 yo6] appointment, reservation, reserve

元 [tɔy4] dollar

员工 [uoŋ2 køŋ1] employee

原谅 [ŋuoŋ2 luoŋ2] pardon (*n.*); forgive (*v.*)

原子的 [ŋuoŋ2 ʒy3 lɛ] nuclear (*adj.*)

圆 [ieŋ2] circle

援助 [tsie1 uoŋ5] aid

缘故 [yoŋ2 kou4] reason

远 [huoŋ5] far

月 [ŋuo7] month

月经 [ŋuo7 kiŋ1] menstruation

月亮 [ŋuo7] moon

岳母 [tuoŋ2 nɛ3] mother-in-law

晕船 [hiŋ2 nuŋ2] seasick

晕动病 [hiŋ2 tɔuŋ5 paŋ5] motion sickness

晕眩 [uoŋ1 hiŋ2] dizzy

允许 [yŋ3 hy3] allow, permit (*v.*)

允许的 [yŋ3 hy3 lɛ] allowed
允许钓鱼 [hy3 k'o3 tieu4 ŋy2] fishing
  permitted
运动 [uŋ5 touŋ5] sports
运气 [uŋ5 k'ɛi4] fortune
运输 [uŋ5 sy1] transport
熨斗 [u6 tau3] iron
杂货店 [tsia7 huo4 laiŋ4] grocery store
灾祸 [tsai1 huo5] disaster
再 [tsai4] again
在附近 [ka7 hu5 k'øyŋ5] around
在旁边 [ka7 pouŋ2 mieŋ1] next to
在下面 [ka7 a5 lɛ3] under (*prep.*)
在中间 [ka7 tai2 louŋ1] among
葬礼 [tsouŋ4 lɛ3] funeral
早餐 [tsa3] breakfast
早上 [tsai3 lau2] morning
造反 [tso4 huaŋ3] rebel
噪音 [tsa2 iŋ1] noise
贼 [ts'ɛi7] thief
怎样 [tsuoŋ3] how
炸弹 [tsia4 laŋ5] bomb
窄 [k'ai6] narrow
债务 [tsai4] debt
战争 [tsieŋ4 tsɛiŋ1] war
站 [k'ie5] stand
站 [tsiaŋ5] station
章 [tsuoŋ1] chapter
章鱼 [møy7 ŋy2] octopus
长 [touŋ2] long
长方形 [touŋ2 huoŋ1 hiŋ2] rectangle
长期的 [touŋ2 ki1 lɛ] secular (*adj.*)
丈夫 [touŋ5 muo1] husband

帐篷 [tuoŋ4 muŋ2] tent
账户 [hu5 lau2] account
障碍物 [tsuoŋ4 ai5 u7] barrier
招呼 [tsie1 u1] greeting
找 [t'o3] find
召集 [tieu1 tsi7] summon
照明 [tsieu4 miŋ2] lighting
照片 [suoŋ4 pi'eŋ4] picture
照相 [k'ia7 suoŋ4] photograph
照相机 [k'ia6 suoŋ4 ki1] camera
折磨 [mo2 mie7] torture
这 [tsi3] this
这里 [tsi3] here
针 [tsɛiŋ1] needle
真 [tsiŋ1] true
真理 [tsiŋ1 li3] truth
诊断 [tsiŋ3 touŋ5] diagnosis
诊所 [tsiŋ3 nu3] clinic
枕头 [tsieŋ3 nau2] pillow
震动 [tsiŋ3 touŋ5] jar
镇 [tɛiŋ4] town
镇静 [tɛiŋ4 tsɛiŋ5] sedative
争论 [tsɛiŋ1 louŋ5] dispute (*v.*)
征兆 [tiŋ1 tieu5] symptom
正常 [tsiaŋ4 suoŋ2] normal
正常的 [tsiaŋ4 suoŋ2 lɛ] regular
正确的 [tsiaŋ4 k'ou6 lɛ] correct (*adj.*)
正式 [tsiaŋ4 nɛi6] formal
正是 [tsiaŋ4 nɛi5] yes
正月初一 [tsiaŋ4 ŋuo7 ts'œ1 ɛi6] New
  Year's Day
证件 [tsiŋ4 yoŋ5] ID card
政府 [tsiŋ4 hu3] government

政权 [tsiŋ4 kuoŋ2] regime
政治 [tsiŋ4 tɛi5] politics
支付 [tsie1 hou4] paid
支票 [tsie1 p'ieu4] check (*n.*)
只 [taŋ1 taŋ1] only
知道 [huoi5 ɛi4] know
蜘蛛 [t'i1 ly1] spider
直 [ti7] straight
直到 [ti7 kau4] until (*conj.*)
职业 [tsi6 ŋie7] occupation
职员 [tsi6 uoŋ2] staff
止痛药 [tsi3 t'iaŋ4 yo7] painkiller
纸 [tsai3] paper
纸巾 [tsai3 yŋ1] napkin; toilet paper
指南 [tsi3 naŋ2] manual, guide (*n.*)
指南书 [tsi3 naŋ2 tsy1] guidebook
制裁 [tsie4 tsøy2] sanction
制度 [tsie4 lou5] institution, system
制服 [tsie4 u7] uniform
质量 [tsi6 luoŋ5] quality
治疗 [tɛi5] cure
中间 [tai2 louŋ1] middle
中间的 [tai2 louŋ1 lɛ] medium (*adj.*)
中立 [tyŋ1 li7] neutral
中午 [tyŋ1 ŋu3] midday, noon
中心 [tyŋ1 niŋ1] center
肿胀 [tsyŋ3] swelling
种子 [tsyŋ3 tsi3] seed
重 [tɔyŋ5] heavy
重复 [tyŋ2 hu6] repeat
重击 [mo4] punch
重量 [tyŋ5] weigh
重新开始 [tyŋ2 siŋ1 k'ai1 sy3] resume

州 [tsieu1] state
周 [lɛ3 βai4] week
周末 [pai4 løy7 lɛ3 βai4] weekend
周年 [tsieu1 nieŋ2] anniversary
周期 [tsieu1 ki1] period
珠宝 [tsuo1 po3] jewelry
猪 [ty1] pig
猪肉 [ty1 ny7] pork
主要 [tsuo3 ieu4] chief (*adj.*)
主要的 [tsuo3 ieu4 lɛ] main (*adj.*)
住 [tieu5] live (*v.*)
住处 [tsy5 t'ɛi7] accommodations
注射 [p'a6 tseiŋ1] inject
注射 [tsy4 sia5] syringe
铸造 [tso4] mint
抓 [nie7] catch (*v.*)
专业 [tsuoŋŋ1 ŋie7] professional
砖 [tsuoŋ1] brick
转弯 [tuoŋ3 ŋuaŋ1] turn
准备 [tsuŋ3 pɛi5] ready
准确 [tsuŋ3 k'ou6] exact
准确的 [tsuŋ3 lɛ] accurate
桌 [to6] table, desk
桌子 [to6] table, desk
子弹 [tsi3 laŋ5] bullet
紫 [tsie3] purple
自动 [tsy5 louŋ5] automatic
自动档 [tsy5 nɔuŋ5 nouŋ3] automatic
  transmission
自行车 [k'a1 la7 ts'ia1] bicycle
自然 [tsy5 yoŋ2] nature
自由使用的 [tsy5 ieu3 sai3 øyŋ5 lɛ]
  disposable

自助 [tsy5 tsou5] self- service

自助洗衣店 [tsy5 tsou5 sɛ3 i1 laiŋ4] laundromat

字 [tsɛi5] word

字典 [tsi5 tieŋ3] dictionary

宗教 [tsuŋ1 kau4] religion

棕色 [tsøyŋ1 nai6] brown

总计 [luŋ3 ʒuŋ3] total

总是 [t'i7 lau4] always (*adv.*)

总统 [tsuŋ3 t'uŋ3] president

走 [kiaŋ2] walk

租 [tsu1] rent

租客 [tsu1 k'a6] tenant

足球 [k'a1 kieu2] soccer

组 [tsu3] group

嘴巴 [ts'uoi4] mouth

嘴唇 [ts'y4 βuoi2] lip

最大的 [tɛi6 tuai5 lɛ] maximum

最多 [tɛi6 sa5] most (*adv.*)

最后 [tsɔy4 au5] eventually

最后的 [tsɔy4 au5 lɛ] last

最小的 [tɛi6 nɔuŋ5 lɛ] minimum

尊敬 [tsouŋ1 kɛiŋ4] respect

昨天 [so7 maŋ2] yesterday

左 [tso3] left

作者 [tsɔu6 tsia3] author

坐 [sɔy5] sit

座位号 [sɔy5 uoi5 ho5] seat number

做 [tso4] do, make (*v.*)

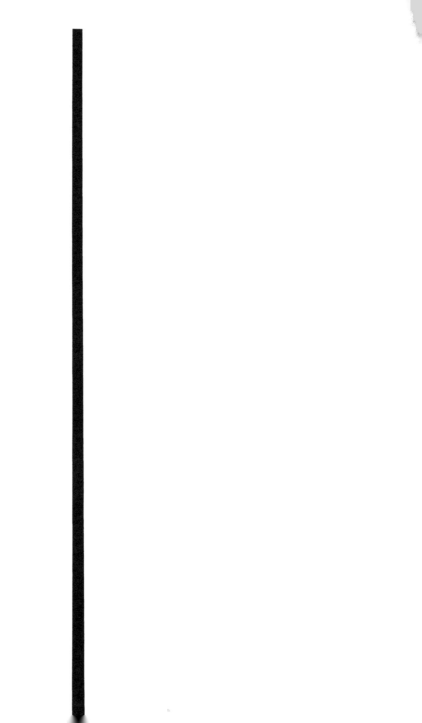

ENGLISH-FUJIANESE
DICTIONARY

able 能 [a5]

about 有关 [iu3 kuaŋ1]

above 上面 [kɛ2 lɛiŋ3]

academy 学院 [hou7 ieŋ5]

accelerator (gas pedal) 油门 [ieu2 muoŋ2]

accent 腔 [k'yoŋ1]

accept 接受 [tsie6 sieu5]

access (*n*.) 通路 [t'øyŋ1 luo5]

accident 意外 [i4 ŋuoi5]

accommodation 住处 [tsy5 t'ɛi7]

account 账户 [hu5 lau2]

accountant 会计 [huoi5 ie4]

accurate 准确的 [tsuŋ3 lɛ]

accuse 控告 [k'ouŋ4 ko4]

acre (0.4 hectares) 英亩 [iŋ1 mu3]

across 穿过 [ts'uoŋ1 kuo4]

act (*v*.) 表演 [pieu3 ieŋ3]

activist 积极分子 [tsi6 kɛi6 huŋ5 tsy3]

activity 活动 [ua7 tɔuŋ5]

actor 演员 [ieŋ3 uoŋ2]

actual 实际 [si7 tsie4]

add 加 [ka1]

address (*n*.) 地址 [ti5 tsi3]

administration 部门 [puo5 muoŋ2]

admission 许可 [hy3 k'o3]

admit 承认 [siŋ2 nɛiŋ5]

adult 大人 [tuai5 nøyŋ2]

advertisement 广告 [kuoŋ3 ko4]

afraid 害怕 [e5 kiaŋ1]

after 以后 [i3 au5]

afternoon 下午 [a5 lau4]

again 再 [tsai4]

against 反对 [huaŋ3 tɔy4]

age 年龄 [nieŋ2 liŋ2]

agency (*n*.) 代理 [tai5 li3]

agent 代理人 [tai5 li3 nøyŋ2]

agree 同意 [tuŋ2 ɛi4]
agriculture 农业 [nuŋ2 ŋie7]
aid 援助 [tsie1 uoŋ5]
AIDS 艾滋病 [ai4 tsy2 paŋ5]
air 空气 [k'uŋ1 k'ɛi4]
air conditioning 空调 [k'uŋ1 tieu2]
airline 航线 [houŋ2 nian4]
airplane 飞机 [hi1 ki1]
airport 机场 [ki1 tuoŋ2]
airport tax 机场税 [ki1 tuoŋ2 suoi4]
aisle 通道 [t'uŋ1 to5]
alarm 警报 [kiŋ2 mɔ4]
alcohol 酒精 [tsieu3 tsiŋ1]
alive 活 [ua7]
all (*pron.*) 全部 [tsuoŋ2 puo5]
allergy 过敏 [kuo4 miŋ3]
alley 小路 [sieu3 luo5]
allow 允许 [yŋ3 hy3]
allowed 允许的 [yŋ3 hy3 lɛ]
almond 杏仁 [hɛiŋ5 ŋiŋ2]
alone 单独 [taŋ1 tu7]
also 也 [ia5]
altar (*n.*) 祭坛 [tsie4 t'aŋ2]
altitude 高度 [ko1 tou5]
aluminum foil 铝箔 [ly3 po7]
always (*adv.*) 总是 [t'i7 lau4]
ambassador 大使 [tuai5 lai3]
ambulance 救护车 [ki6 kieu4 ʒia1]
amenities 便利设施 [pieŋ5 lɛi5 sie6 sy1]
among 在中间 [ka7 tai2 louŋ1]
amount (*n.*) 数量 [su4 luoŋ5]
and 和 [kɔyŋ5]
anemic 贫血 [piŋ2 hai6]
anesthetic 麻醉 [ma2 ʒuoi4]
angry 生气 [sieu5 k'ɛi4]
animal 动物 [tɔuŋ2 u7]

ankle 踝 [k'a1 møy7]
anniversary 周年 [tsieu1 nien2]
announcement 公告 [kuŋ1 ko4]
announcer 广播员 [kuoŋ3 po4 uoŋ2]
annual 每年的 [muoi3 nien2 lɛ]
antibiotics 抗生素 [k'ouŋ4 nɛiŋ1 nou4]
antifreeze 抗凝剂 [huoŋ2 ŋi7 tsia4]
antique 古董 [ku3 luŋ3]
antiseptic 反腐剂 [huŋ3 hu3 tsia4]
any 任何 [ɛiŋ5 ho2]
anybody 任何人 [ɛiŋ5 ho2 nøyŋ2]
anyone 任何一个 [ɛiŋ5 ho2 so7 tsie6]
anything 任何事 [ɛiŋ5 ho2 tai5 ie4]
anywhere 任何地方 [ɛiŋ5 ho2 ti5 uoŋ1]
apartment 单元房 [taŋ1 ŋuoŋ2 ʒuo4]
apologize 道歉 [to5 k'ien4]
appeal 上诉 [suoŋ5 sou4]
appear 出现 [ts'u6 hieŋ5]
appendicitis 阑尾炎 [maŋ2 nouŋ2 ieŋ2]
appetite 胃口 [pi2 uoi5]
apple 苹果 [piŋ2 kuo3]
appointment 预约 [y5 yo6]
apricot 杏 [haiŋ5]
April 四月 [si4 ŋuo7]
architecture 建筑学 [kyoŋ4 nøy6 hou7]
area 地区 [ti5 k'y1]
argue 辩驳 [pieŋ5 mɔu6]
arm 手臂 [ts'ieu3 pie4]
army 部队 [puo5 tuoi5]
around 在附近 [ka7 hu5 k'øyŋ5]
arrest (*v.*) 逮捕 [tai5 puo5]
arrive 到达 [ti2 ta7]
art 艺术 [ŋie5 lu7]
arthritis 关节炎 [kuaŋ1 tsɛi6 ieŋ2]
artichoke 菜蓟 [ts'ai4 kie4]
ash 灰 [hu1]

ask 问 [muoŋ4]

asleep 睡着的 [k'ɔuŋ4 tuo7]

aspirin 阿司匹林 [a1 si1 pi1 lin2*]

assault 攻击 [kuŋ1 kɛi6]

assist 帮助 [pouŋ1 tsou5]

associate (*n.*) 同事 [tung2 nøy5]

asthma 哮喘 [hɛu4 ts'uaŋ3]

ATM 提款机 [t'i2 k'uaŋ3 ki1]

attack 攻击 [kuŋ1 kɛi6]

attorney 律师 [lu7 sy1]

August 八月 [pɛi6 ŋuo7]

author 作者 [tsou6 tsia3]

authority 权力 [kuoŋ2 li7]

automatic 自动 [tsy5 lɔuŋ5]

automatic transmission 自动档 [tsy5 nɔuŋ5 nouŋ3]

automobile 汽车 [k'i4 ʒia1]

autumn 秋 [ts'ieu1]

available 有空的 [u5 ɛiŋ2 lɛ]

avenue 大道 [tuai5 to5]

avoid 避免 [pie5 mieŋ3]

awake 醒着 [ts'iŋ1 ʒaŋ3 i2]

away 离开 [lie5 k'uoi1]

axle 车轴 [ts'ia1 ty7]

baby 婴儿 [ts'u6 sie4 iaŋ3]

baby wipes 婴儿纸巾 [ts'u6 sie4 iaŋ3 tsai3 yŋ1]

babysitter 护婴员 [po3 mu3]

back 后面 [au5]

backpack 背包 [mai5 pau1]

bad 坏的 [ŋai2 lɛ3]

bag 包 [pau1]

baggage 行李 [hɛiŋ2 li3]

baggage check 行李检查 [hɛiŋ2 li3 kieŋ3 tsia1]

bakery 面包店 [mieŋ5 pau1 taiŋ4]

balcony 阳台 [yoŋ2 tai2]

ball 球 [kieu2]

banana 香蕉 [pa1 ʒieu1]

bandage 绷带 [pouŋ1 tai4]

bank 银行 [ŋyŋ2 ŋouŋ2]

bank account 银行户头 [ŋyŋ2 ŋouŋ2 hu5 lau2]

bar 酒吧 [tsieu3 pa1]

barber 理发师傅 [t'ie4 lau2 la1 au5]

barrel 桶 [t'øyŋ3]

barrier 障碍物 [tsuoŋ4 ai5 u7]

base 基础 [ki1 ts'u3]

basement 地下室 [ti5 a5 lɛi6]

basin 水池 [tsuoi3 lie2]

basket 篮子 [laŋ2 laŋ2]

basketball 篮球 [laŋ2 ŋieu2]

bat 球棒 [kieu2 kouŋ4]

bath 洗澡 [sɛ3 liŋ1]

bath towel 浴巾 [y7 kyŋ1]

bathe 沐浴 [sɛ3 liŋ1]

bathing suit 浴衣 [y7 i1]

bathroom 卫生间 [uoi5 lɛiŋ1 aŋ1]

battery 电池 [tieŋ5 t'u4]

battle (*n.*) 打仗 [p'a6 t'uoŋ4]

be (*v.*, **am, is, are, was, were**) 是 [sɛi5]

beach 海滩 [hai3 t'aŋ1]

bean 豆 [tau5]

beautiful 漂亮的 [p'ieu4 luoŋ5]

because of 因为 [iŋ1 ŋuoi5]

become (*v.*) 成为 [siaŋ2 uoi2]

bed 床 [ts'ouŋ2]

bedding 寝具 [ts'ouŋ2 køy5]

bedroom 卧室 [ŋuo5 lɛi6]

bee 蜜蜂 [mi7 p'uŋ1]

beef 牛肉 [ŋu2 ny7]

beer 啤酒 [pi1 ʒieu3]

before (*prep.*) 以前 [i3 sɛiŋ2]

beggar 乞丐 [k'øy6 sie7]

beginning 开始 [k'ai1 sy3]

behind 落后 [lou7 hau5]

believe 相信 [suoŋ1 sɛiŋ4]

bell 铃 [liŋ2]

below 下面 [a5 lɛ3]

berry 浆果 [tsuoŋ1 kuo3]

beverage 饮料 [iŋ3 lau5]

beware 当心 [touŋ1 niŋ1]

bible 圣经 [sɛiŋ4 iŋ1]

bicycle 自行车 [k'a1 la7 ts'ia1]

big 大 [tuai5]

bill 法案 [hua6 aŋ4]

birth certificate 出生证 [ts'u6 sɛiŋ1 tsɛiŋ4]

birthday 生日 [saŋ1 ni7]

bite 咬 [ka5]

bitter 苦 [tɛu1]

black 黑 [u1]

blanket 毛毯 [mo2 t'aŋ3]

bleed 流血 [lau2 hai6]

bless 庇佑 [pi4 ieu5]

blind 失明 [ts'aŋ1 maŋ2]

blister 水泡 [tsuoi3 p'a4]

blood 血 [hai6]

blood type 血型 [hɛi6 hiŋ2]

blue 蓝 [laŋ2]

boarding pass 登机牌 [tɛiŋ1 ki1 pɛ2]

boat 小船 [suŋ2 ŋiaŋ3]

body 身体 [siŋ1 t'ɛ3]

bomb 炸弹 [tsia4 laŋ5]

bone 骨骼 [kɔu6 kɔu6]

bonus 奖金 [tsuoŋ3 kiŋ1]

book 书 [tsy1]

bookstore 书店 [tsy1 lain4]

boot 踢 [t'ɛi6]

border 边界 [pien1 kai4]

bottle 瓶 [pin2]

bottom (*n.*) 底部 [tɛ3]

box (*n.*) 盒子 [a7 a7]; (*v.*) 拳击 [p'a6 kun2 kei6]

boy 男孩 [tɔun5 muo1 nian3]

boyfriend 男朋友 [nan2 pɛin2 ieu3]

brake (*n.*) 刹车 [sa9 ts'ia1]

bread 面包 [mien5 pau1]

break (*v.*) 弄破 [tso4 p'uai4]

breakfast 早餐 [tsa3]

breathe (*v.*) 呼吸 [hu2 ɛi6]

bribe 贿赂 [uoi3 lou5]

brick 砖 [tsuon1]

bridge 桥 [kyo2]

bring (*v.*) 带来 [tai4 li2]

broken 坏掉的 [nai2 i2]

brother 兄弟 [hian1 nie5]

brown 棕色 [tsøyn1 nai6]

building 建筑 [kyon3 nøy6]

bull 牛 [nu2]

bullet 子弹 [tsi3 lan5]

bureaucracy 官僚 [kuan1 lieu2]

bury 埋 [muai2]

bus 巴士 [pa1 søy5]

bus terminal 汽车站 [k'i4 ʒia1 tsian5]

business 生意 [sɛin1 nɛi4]

busy 忙 [moun2]

but (*conj.*) 但是 [tan4 sɛi5]

butcher 屠夫 [t'ai2 ty1 i2]

butter 黄油 [uon2 ieu2]

button 纽扣 [k'au4]

buy 买 [mɛ3]

cab 的士 [ti6 søy5]

cabinet 橱柜 [pie6 lieu2]

cable 电缆 [tieŋ5 laŋ3]

cable TV 有线电视 [ieu2 siaŋ4 tieŋ5 sɛi5]

café 咖啡馆 [ka1 βi1 kuaŋ3]

cage 笼子 [kaŋ1 lo2]

cake 蛋糕 [lɔuŋ5 o1]

calendar 日历 [ni7 li7]

call (*v.*) 打电话 [p'a6 tieŋ5 ua5]

camera 照相机 [k'ia6 suoŋ4 ki1]

camp 露营 [lu4 iŋ2]

campground 露营地 [lu4 iŋ2 tɛi5]

can (*modal v.*) 会 [a5]

cancel 取消 [ts'y3 lieu1]

candy 糖果 [t'ouŋ2]

car 汽车 [k'i4 ʒia1]

card 卡 [k'a3]

carpet 地毯 [t'i5 t'aŋ3]

carrot 胡萝卜 [øyŋ2 lo2 pu7]

carry 拿 [to2]

carry-on 手提包 [ts'ieu3 t'i2 pau1]

cart 购物车 [kɛu1 u7 ts'ia1]

case 情况 [tsiŋ2 ŋuoŋ4]

cash (*v.*) 兑现 [tɔy4 hieŋ5]; (*n.*) 现金 [hieŋ5 kiŋ1]

casual 临时的 [liŋ2 si2 i2]

cat 猫 [ma2]

catch (*v.*) 抓 [nie7]

cathedral 大教堂 [tuai5 kau4 louŋ2]

cattle 牛 [ŋu2]

cave 塌落 [t'a6]

CD 光盘 [CD]

cement 水泥 [tsuoi3 nɛ2]

cemetery 墓地 [muo4 lɛi5]

cent 分 [huŋ1]

center 中心 [tyŋ1 niŋ1]
century 世纪 [sie4 ki3]
cereal 麦片 [ma7 p'ieŋ4]
chain 链 [lieŋ5]
chair 椅 [ie3]
champagne 香槟 [hyoŋ1 piŋ1]
change (v.) 改变 [kai3 pieŋ4]; (n.) 变化
   [pieŋ4 hua4]
changing room 试衣间 [ts'i4 i1 kaŋ1]
channel 频道 [piŋ2 to5]
chapel 礼拜堂 [lɛ3 pai4 louŋ2]
chapter 章 [tsuoŋ1]
charge (n.) 费用 [hie4 øyŋ5]
cheap 便宜 [pɛiŋ2 ie2]
check (v.) 检查 [kieŋ2 tsia1]; (n.) 支票
   [tsie1 p'ieu4]
check in 登入 [tɛiŋ1 i7]
check out 登出 [tɛiŋ1 ts'ou6]
checkpoint 检查点 [kieŋ2 tsia1
   tieŋ3]
cheese 奶酪 [nai3 lou7]
chef 大师傅 [tuai5 sa1 au5]
chemical 化学的 [hua4 ɔu7 lɛ]
chew 嚼 [tsuo7]
chicken 鸡 [kie1]
chickpeas 鸡豆 [kie1 lau5]
chief (adj.) 主要 [tsuo3 ieu4]
child 小孩 [nie5 iaŋ3]
childcare 托管 [t'ɔu6 kuaŋ3]
chocolate 巧克力 [qiao3 ke4 li4*]
choke 嘻 [kaŋ3]
church 教堂 [kau4 louŋ2]
cigarette 烟 [houŋ1]
cinema 电影 [tieŋ5 iŋ3]
cinnamon 肉桂 [ny7 kie4]
circle 圆 [ieŋ2]

citizen 公民 [kuŋ1 miŋ2]

city 市 [ts'ɛi5]

civilian 百姓 [pa6 laŋ4]

clap 鼓掌 [p'a6 ʒuoŋ3]

class 班 [paŋ1]

classic 古典 [ku3 tieŋ3]

clean 打扫 [sau4]

client 客户 [nøyŋ2 ŋa6]

cliff 悬崖 [hieŋ2 ŋai2]

climate 气候 [k'i4 au5]

climb 爬 [pa2]

clinic 诊所 [tsiŋ3 nu3]

clock 点钟 [tɛiŋ3 ʒyŋ1]

close (*adv.*) 紧密地 [kiŋ3 mi7 lɛ];
  (*v.*) 关 [kuoŋ1]

closed 接近的 [tsie6 k'øyŋ5 lɛ]

cloth 布 [puo4]

clothing 衣服 [i1 luoŋ2]

club 社团 [sia5 t'uaŋ2]

clutch pedal 离合器踏板 [li2 ha7 kɛi4
  ta7 pɛiŋ3]

coast 海岸 [hai3 kieŋ2]

coat 外套 [ŋuoi5 t'o4]

cocoa 可可粉 [k'o3 k'o3 huŋ3]

coconut 椰子 [ia2 tsi3]

coffee 咖啡 [ka1 βi1]

coin 硬币 [huaŋ1 tsieŋ2 ŋiaŋ3]

cold 寒冷 [ts'ɛiŋ4]

collect 收集 [sieu1 tsi7]

color 颜色 [ŋaŋ2 nai6]

comb 梳 [sœ1]

come 来 [li2]

comedy 喜剧 [hi3 k'yo7]

comfortable 舒畅的 [ts'y1 luoŋ4]

commission 佣金 [ts'ieu3 ly7 hie4]

communication 交流 [kau1 lieu2]

companion 同伴 [k'a1 lieu2 pouŋ1]
company 公司 [kuŋ1 ni1]
compare 对比 [tøy4 pi3]
compensation 补偿 [puo3 luoŋ2]
complain 投诉 [tau2 lou4]
complicated 复杂的 [hu6 tsia7 lɛ]
compromise 妥协 [nuoŋ5 puo5]
computer 电脑 [tieŋ5 no3]
conceal 隐藏 [yŋ3 tsouŋ2]
concert 音乐会 [iŋ1 ŋou7 huoi5]
concrete 混凝土 [hun4 ning2 tu2*]
concussion 冲击 [ts'yŋ1 kɛi6]
condom 安全套 [aŋ1 tsuoŋ2 t'o4]
conductor 管理人 [kuaŋ3 li3 nøyŋ1]
conference 会议 [huoi5 ŋie5]
conference room 会议室 [huoi5 ŋie5 lɛi6]
confirm 确认 [k'ou6 nɛiŋ5]
constipated 便秘 [si6 sai3]
constitution 宪法 [hyoŋ4 hua6]
consulate 领事馆 [liaŋ3 ny3 uaŋ3]
consult 商量 [souŋ1 nuoŋ2]
contagious 会传染的 [ɛ5 tuoŋ3 nieŋ3 lɛ]
contraception 避孕 [pie5 ɛiŋ5]
contraceptive 避孕的 [pie5 ɛiŋ5 lɛ]
contract 合同 [ha7 tøyŋ2]
convenience store 便利店 [pieŋ5 nɛi5
  laiŋ4]
convenient 便利的 [pieŋ5 nɛi5 lɛ]
cook 厨师 [tuo2 ly1]
copy 复印 [hu6 ɛiŋ4]
cord 绳索 [so6]
corn 玉米 [ieu2 lieŋ1 mau4]
corner 角 [kɔy6]
correct (*adj.*) 正确的 [tsiaŋ4 k'ou6 lɛ]
corrupt 腐败 [hu5 pai5]
cosmetics 化妆品 [hua4 tsouŋ1 p'iŋ4]

cost 花费 [hua1 hie4]
cotton 棉花 [mien2 ua1]
cough 咳嗽 [sau4]
country 国家 [kuo6 ka1]
country code 国家代码 [kuo6 ka1 tai5 ma3]
court 法院 [hua6 ien5]
courtesy 好意 [ho3 εi4]
cover 封面 [huŋ1 mien5]
cover charge 服务费 [hu7 u5 hie4]
cream 奶油 [nai3 ieu2]
credit 信用 [siŋ4 øyŋ5]
credit card 信用卡 [siŋ4 yŋ5 k'a3]
crime 犯罪 [huaŋ5 tsɔy5]
crowd 挤 [k'ai6]
crutches 拐杖 [ky5 køy5]
cry 哭 [t'ie2]
culture 文化 [uŋ2 ua4]
cup 杯 [puoi1]
cure 治疗 [tɛi5]
curfew 宵禁 [sieu1 kɛiŋ4]
currency 货币 [huo4 pɛi5]
currency exchange 货币兑换 [huo4 pɛi5 tɔy5 uaŋ5]
customer 客人 [nøyŋ2 ŋa6]
customs 海关 [hai3 uaŋ1]
customs declaration 海关申报 [hai3 uaŋ1 siŋ1 po4]
cut 剪 [tsɛiŋ3]

dairy 牛奶的 [ŋu2 nɛiŋ2 lɛ]
damage 损害 [souŋ3 sie7]
dance 舞 [u3]
danger 危险 [uoi2 hieŋ3]
dark 暗 [aŋ4]
date 日子 [ni7 tsi3]

date of birth 生日 [saŋ1 ni7]
daughter 女儿 [tsy1 nøyŋ2 kiaŋ3]
dawn 黎明 [t'ieŋ1 ŋuoŋ1 ʒa3]
day 天 [ni7]
daytime 白天 [ni7 touŋ1]
dead 死者 [si3 nøyŋ2]
deadline 期限 [ki1 aiŋ5]
deaf 耳聋 [ŋɛi5 løyŋ2]
debt 债务 [tsai4]
decade 十年 [sɛi7 nieŋ2]
December 十二月 [sɛi7 ni5 ŋuo7]
decide 决意 [kyo6 ɛi4]
decision 决定 [kyo6 tɛiŋ5]
deck 甲板 [ka6 pɛiŋ3]
declare 宣布 [souŋ1 puo4]
deep 深 [ts'iŋ1]
delay 延期 [yoŋ2 k'i1]
delicious 美味 [ho3 sie6]
deliver 传送 [tuoŋ2]
delivery 送达 [sɔyŋ4 kau4]
demand (*n.*) 需求 [sy1 ieu4]
democracy 民主 [miŋ2 tsuo3]
dentist 牙医 [ŋai3 i1]
deny 不承认 [mo2 siŋ2 nɛiŋ5]
deodorant 防臭剂 [huoŋ2 ts'au4 tsia4]
department store 百货公司 [pɛi6 huo4
 kuŋ1 ni1]
departure 离开 [lie5 k'uoi1]
deposit 存款 [tsouŋ2 k'uaŋ3]
depot 仓库 [ts'ouŋ1 k'ou4]
desert 沙漠 [sa1 mɔu7]
desk 桌 [to6]
dessert 甜点 [ko1 βiaŋ3]
destination 目的地 [mu7 ti6 tɛi5]
detergent 洗涤剂 [sɛ3 i1 tsia4]
detour 绕道 [p'a1 la1]

diabetic 糖尿病 [t'oun2 nieu5 paŋ5]

diagnosis 诊断 [tsiŋ3 toun5]

dial 拨号 [pua6 ho5]

dialing code 区号 [k'y1 ho5]

diaper 尿布 [nieu5 puo4]

diarrhea 腹泻 [paŋ5 nia4]

dictate 命令 [miŋ5 lɛiŋ5]

dictionary 字典 [tsi5 tieŋ3]

die 死 [si3]

diesel 柴油 [ts'a2 ieu3]

different 不一样 [mɛ5 so7 sɛi6]

difficult 困难 [k'ouŋ4 naŋ5]

dine 用餐 [yŋ5 ts'uaŋ1]

dining room 饭厅 [puoŋ5 niaŋ1]

dinner 晚饭 [maŋ2]

diplomat 外交家 [ŋuoi5 ŋau1 ka1]

direction 方向 [huoŋ1 hyoŋ4]

directions 说明书 [suo6 miŋ2 tsy1]

directory 目录 [mu7 luo7]

directory assistance 查号服务 [tsia1 ho5 hu7 ou5]

dirt 灰 [huoi1]

dirty 肮脏 [lai1 tai1]

disability 残疾 [tsaŋ2 hie4]

disabled 残疾的 [tsaŋ2 hie4 lɛ]

disagree 不同意 [mɛ5 tuŋ2 ɛi4]

disaster 灾祸 [tsai1 huo5]

discount 打折 [p'a6 tsie6]

disease 病 [paŋ5]

dish 碟 [tie7]

disposable 自由使用的 [tsy5 ieu3 sai3 øyŋ5 lɛ]

dispute (*v.*) 争论 [tsɛiŋ1 louŋ5]

district 地区 [ti5 k'y1]

disturb 打扰 [p'a6 ts'a3]

dive 跳水 [t'ieu4 tsuoi3]

dizzy 晕眩 [uoŋ1 hiŋ2]

do 做 [tso4]

dock 码头 [ma3 lau2]

doctor 医生 [i1 lɛiŋ1]

document 文件 [uŋ2 yoŋ5]

dog 狗 [k'ɛiŋ3]

dollar 元 [tɔy4]

domestic 国内 [kuo6 nɔy5]

door 门 [muoŋ2]

double 双倍 [ha7 puoi5]

dough 生面团 [ts'ia4]

down 向下 [hyoŋ4 kia5]

downtown 市中心 [ts'ɛi5 tyŋ1 niŋ1]

dozen 一把 [so7 pa3]

drain 排水 [pɛ2 ʒuoi3]

drama 戏剧 [hie4 k'yo7]

drawer 抽屉 [t'ɑ4]

dress (*n.*) 连衣裙 [lieŋ2 i1 kuŋ2]; (*v.*) 穿 [søyŋ5]

drink (*n.*) 饮料 [iŋ3 lau5];(*v.*) 喝 [ts'uo6]

drive 驾驶 [sai3]

driver's license 驾驶证 [ka4 lai3 tsɛiŋ4]

drown 淹死 [tsɛiŋ3 si3]

drowsy 想睡的 [ts'uŋ3]

drug 药 [yo7]

drugstore 药店 [yo7 laiŋ4]

drunk 酒醉 [tsieu3 tsuoi4]

dry (*adj.*) 干 [ta1];(*v.*) 弄干 [ts'ouŋ5 ta1]

dry cleaner 干洗店 [kanŋ1 nɛ3 taiŋ4]

dryer 烘干机 [høyŋ1 kaŋ1 ki1]

dust (*v.*) 拂去 [ts'ɛi6]

duty-free 免税 [mieŋ3 suoi4]

DVD 光盘 [kuoŋ1 puaŋ2]

dye 染色 [niɛŋ3 nai6]

ear 耳 [ŋɛi5]
earache 耳痛 [ŋɛi5 t'iaŋ4]
early 提早 [t'i2 ʒa3]
earth 地球 [ti5 kieu2]
earthquake 地震 [ti5 tsiŋ3]
east 东 [tøyŋ1]
eat 吃 [sie7]
economy 经济 [kiŋ1 tsia4]
education 教育 [kau4 y7]
egg 蛋 [lɔuŋ5]
eight 八 [pai6]
eighteen 十八 [sɛi7 pai6]
eighty 八十 [pɛi6 sɛi7]
election 选举 [souŋ3 ky3]
electric 电 [tieŋ5]
electricity 电力 [tieŋ5 li7]
elevator 电梯 [tieŋ5 nai1]
eleven 十一 [sɛi7 ɛi6]
e-mail 电子邮件 [tieŋ5 tsy3 ieu2 yoŋ5]
embassy 大使馆 [tuai5 lai3 uaŋ3]
emergency 紧急 [kiŋ3 kɛi6]
employee 员工 [uoŋ2 køyŋ1]
employer 老板 [lo3 pɛiŋ3]
empty 空 [k'øyŋ1]
end 结束 [kie6 sou6]
enemy 敌人 [ti7 iŋ2]
energy 精力 [tsiŋ1 li7]
engine 发动机 [hua6 tɔuŋ5 ki1]
engineer 工程师 [køyŋ1 niaŋ2 ny1]
English language 英语 [iŋ1 ŋy3]
engraving 雕刻 [teu1 k'ai6]
enough 够 [kau4]
enter 进入 [kiaŋ2 tie3]
entertainment 娱乐 [ŋy2 lou7]
entire 全部 [tsuoŋ2 puo5]
entrance 入口 [tie3 k'au3]

entry 进入 [kiaŋ2 tie3]

entry visa 入境签证 [tie3 kiŋ3 ts'ieŋ1 tsɛiŋ4]

envelope 信封 [p'ie1 lɔy5]

epileptic 癫痫 [yoŋ2 hiŋ2]

equal 相等 [suoŋ1 tɛiŋ3]

equipment 设备 [sie6 pɛi5]

escalator 手扶梯 [hu5 lai1]

estimate 估量 [ku1 luoŋ5]

ethnic 人种的 [iŋ2 tsyŋ3 lɛ]

Europe 欧洲 [ɛu1 tsieu1]

European 欧洲人 [ɛu1 tsieu1 nøyŋ1]

evacuate 疏散 [sœ1 saŋ3]

even 平 [paŋ2]

evening 晚上 [maŋ2 muo1]

event 大事 [tuai5 tai5]

eventually 最后 [tsɔy4 au5]

ever 往日 [uoŋ3 ni7]

every 每一个 [muoi3 so7 tsie6]

exact 准确 [tsuŋ3 k'ou6]

examine 检查 [kieŋ3 tsia1]

example 例子 [lie5]

except 除了 [ty2 o1]

excess 超过 [ts'ieu1 kuo4]

exchange 换 [uaŋ5]

exchange rate 汇率 [huoi5 lu7]

exclude 排除 [pɛ2 ty2]

exhaust 耗尽 [sai1 t'a6]

exhibit (v.) 显示 [hieŋ3 sɛi5]

exit 出口 [ts'u6 k'au3]

expense 开销 [k'uoi1 sieu1]

expensive 贵 [kuo4]

experience 经验 [kiŋ1 ŋieŋ5]

expiration date 过期时间 [kuo4 ki1 si6 kaŋ1]

explain 解释 [kai3 lɛi6]

export 出口 [tsʼu6 kʼau3]
express 快 [kʼuai4]
express train 快车 [kʼuai4 tsʼia1]
extra 另外的 [liŋ5 ŋuoi5 lɛ]
eye 眼睛 [mɛi7 tsieu1]
eyeglasses 眼镜 [ŋiaŋ3 ŋiaŋ4]

fabric 布 [puo4]
face 面 [mɛiŋ4]
fall 秋天 [tsʼieu1 lieŋ1]
false (*adj.*) 错的 [taŋ5 lɛ]
family 家庭 [ka1 tiŋ2]
far 远 [huoŋ5]
fare 费用 [hie4 øyŋ5]
farm 农场 [nuŋ2 tuoŋ2]
fast food 快餐 [kʼuai4 tsʼuaŋ1]
fat 肥 [puoi2]
father 父亲 [pa1 pa1]
faucet 插口 [tsʼia6 kʼau3]
fax (*n.*) 传真 [tuoŋ2 tsiŋ1]
February 二月 [ni5 ŋuo7]
fee 费 [hie4]
feel 感觉 [kieŋ4 ŋoy6]
female 女 [ny3]
fence 栏杆 [laŋ2 aŋ1]
ferry 渡船 [tu5 luŋ2]
festival 节日 [tsɛi6 ni7]
fever 发烧 [hua6 sieu1]
field 场 [tuoŋ2]
fifteen 十五 [sɛi7 ŋou5]
fifty 五十 [ŋu5 lɛi7]
fig 无花果 [u2 ua1 uo3]
fill 充 [tɛiŋ2]
film 电影 [tieŋ5 iŋ3]
find 找 [tʼo3]
finger 手指 [tsʼieu3 ʒai3]

fire 火 [huoi3]

fire alarm 火警器 [huoi3 kiŋ3 kɛi4]

firewood 火柴 [tsy5 lau2 uoi3]

fireworks 烟火 [ts'i2 li2 ua1]

first 第一 [tɛ5 ɛi6]

first-aid kit 急救箱 [ki6 kieu4 suoŋ1]

first- class 头等 [t'au2 lɛiŋ3]

fish 鱼 [ŋy2]

fisherman 渔民 [ŋy2 miŋ2]

fishing 钓鱼 [tieu4 ŋy2]

fishing license 钓鱼证 [tieu4 ŋy2 tsɛiŋ4]

fishing permitted 允许钓鱼 [hy3 k'o3 tieu4 ŋy2]

fishing rod 鱼竿 [ŋy2 kaŋ1]

fist 拳头 [kuŋ2 nau2]

fit 符合 [hu2 ha7]

fitting 试衣 [ts'i4 løyŋ5]

fitting room 试衣间 [ts'i4 il aŋ1]

five 五 [ŋou5]

fix 修理 [sieu1 li3]

flag 旗 [ki2]

flame 火焰 [huoi3 lie7]

flare 闪光 [sieŋ3 kuoŋ1]

flash 闪光 [sieŋ3 kuoŋ1]

flash photography 闪光照相 [sieŋ3 kuoŋ1 k'ia6 suoŋ4]

flashlight 手电筒 [ts'ieu3 tieŋ5]

flat 平 [paŋ2]

flat tire 爆胎 [pɔu6 t'ai1]

flavor 香味 [hyoŋ1 ɛi5]

flea 跳蚤 [ka5 ʒau3]

flea market 跳蚤市场 [ka5 ʒau3 ts'i5 luoŋ2]

flight 航班 [houŋ2 paŋ1]

flight number 航班号码 [houŋ2 paŋ1 ho5 ma3]

flood 洪水 [huŋ2 ʒuoi3]

floor 地板 [ti5 pɛiŋ3]

flour 面粉 [mieŋ5 ŋuŋ3]

flourish 兴旺 [hiŋ1 uoŋ5]

flower 花 [hua1]

flu 流感 [lieu2 kaŋ3]

fluent 流利 [lieu2 lei4]

fluid 液体 [i7 t'ɛ3]

flush 发红 [hua6 øyŋ2]

fly 飞 [puoi1]

fog 雾 [muo2]

folk 民间 [miŋ2 aŋ1]

folk art 民间艺术 [miŋ2 aŋ1 ŋie5 lu7]

follow 跟 [kyŋ1]

food 食品 [si7 p'iŋ3]

food poisoning 食品中毒 [si7 p'iŋ3 tyŋ4 tu7]

foot 脚 [k'a1]

football (soccer) 足球 [k'a1 ieu2]

footpath 小路 [sieu3 luo5]

forehead 额头 [ŋie7 lau2]

foreign 外国 [ŋuoi5 kuo6]

foreign currency 外国货币 [ŋuoi5 kuo6 tsieŋ2]

foreign languages 外语 [ŋuoi5 ŋy3]

forest 森林 [sɛiŋ1 liŋ2]

forget 忘记 [mɛ5 kɛi4]

forgive 原谅 [ŋuoŋ2 luoŋ5]

fork 叉 [ts'a1]

formal 正式 [tsiaŋ4 nɛi6]

fortune 运气 [uŋ5 k'ɛi4]

fortuneteller 看命先生 [k'aŋ4 miaŋ5 siŋ1 naŋ1]

forty 四十 [si4 lɛi7]

fountain 喷泉 [puŋ4 tsuoŋ2]

four 四 [sɛi4]

fourteen 十四 [sɛi7 sɛi4]
fraud 欺骗 [p'ieŋ4]
free 免费 [mieŋ3 hie4]
freeze 凝固 [ŋi7]
fresh 新鲜 [ts'ieŋ1]
Friday 星期五 [pai4 ŋou5]
friend 朋友 [pɛiŋ2 ieu3]
front 前面 [sɛiŋ2 nau3]
front desk 前台 [sɛiŋ2 tai2]
frozen 结冰 [kie6 piŋ1]
fruit 水果 [tsuoi3 uo3]
fry 炒 [ts'a3]
fuel 燃料 [tsia2 lau5]
full 饱 [pa3]
fun 有趣 [u5 mɛi5]
funeral 葬礼 [tsouŋ4 lɛ3]
furnished 有家具的 [ou5 ka1 køy5 lɛ]
furniture 家具 [ka1 køy5]
future 未来 [ei5 lai2]

game 游戏 [ieu2 hie4]
garden (*n.*) 花园 [hua1 huoŋ2]
gas tank 油箱 [ieu2 suoŋ1]
gasoline 汽油 [k'i4 ieu2]
gear 齿轮 [k'i3 luŋ2]
general 将军 [tsuoŋ4 ŋuŋ1]
get 得到 [to2 tuo7]
gift 礼物 [lɛ3 u7]
girl 女孩 [tsy1 nøyŋ2 kiaŋ3]
girlfriend 女朋友 [ny3 pɛiŋ2 ieu3]
give 给 [k'øy6]
glass 玻璃 [po1 lɛ2]
glasses (eye) 眼镜 [ŋiaŋ3 ŋiaŋ4]
glue 胶水 [ka1 ʒuoi3]
go 去 [k'o4]
goat 山羊 [saŋ1 yoŋ2]

gold 金 [kiŋ1]

good 好 [ho3]

goods 货 [huo4]

government 政府 [tsiŋ4 hu3]

gram 克 [k'ai6]

grammar 文法 [uŋ2 hua6]

grandfather 爷爷 [i1 kuŋ1]; 外公 [ŋie5 uŋ1]

grandmother 奶奶 [i1 ma3]; 外婆 [ŋie5 ma3]

grape 葡萄 [po1 lo2]

grass 草 [ts'au3]

great 很好 [ia3 ho3]

green 绿 [luo7]

greeting 招呼 [tsie1 u1]

grocery store 杂货店 [tsia7 huo4 laiŋ4]

ground (*n.*) 地 [tɛi5]

group 组 [tsu3]

guard (*n.*) 守卫 [sieu3 uoi5]

guest 客人 [nøyŋ2 ŋa6]

guide (*n.*) 指南 [tsi3 naŋ2]

guidebook 指南书 [tsi3 naŋ2 tsy1]

guilty 有罪的 [u5 tsɔy5 lɛ]

gun 枪 [ts'uoŋ1]

gym 体育馆 [t'ɛ3 y7 kuaŋ3]

hair 头发 [t'au2 uo6]

half 半 [puaŋ4]

hall 厅 [t'iaŋ1]

halt 休息 [hieu1 lɛi6]

hand 手 [ts'ieu3]

handicapped 残疾人 [tsaŋ2 hie4 nøyŋ1]

happy 欢喜 [huaŋ1 ŋi3]

harbor 海港 [hai3 køyŋ3]

hard 难 [naŋ2]

harm 伤害 [suoŋ1 hai5]

hat 帽子 [mo5]
hazard 冒险 [mo5 hieŋ3]
he 他 [i1]
head 头 [t'au2]
health 健康 [kyoŋ4 k'ouŋ1]
health insurance 医疗保险 [i1 lieu2 po3
  ieŋ3]
hear 听 [t'iaŋ1]
heart 心 [siŋ1]
heart attack 心脏病 [siŋ1 ʒouŋ5 paŋ5]
heat 热 [ie7]
heavy 重 [tɔyŋ5]
hello 你好 [ny3 ho3]
help 帮助 [pouŋ1 tsou5]
herb 药草 [yo7 ts'au3]
here 这里 [tsi3]
heterosexual 异性恋 [i5 siŋ4 luoŋ5]
hey (interjection) 你好 [ny3 ho3]
highway 公路 [kuŋ1 luo5]
hike 徒步旅行 [tu2 puo5 ly3 ɛiŋ2]
hill 山 [saŋ1]
HIV 艾滋病 [ai4 tsy2 paŋ5]
hole 洞 [k'øyŋ1 k'øyŋ1]
holiday 节日 [tsɛi6 ni7]
holy 神圣的 [siŋ2 sɛiŋ4 lɛ]
home 家 [ka1]
homeless 无家的 [mo2 ts'uo4 lɛ]
homosexual 同性恋 [tuŋ2 siŋ4 luoŋ5]
honest 诚实的 [siŋ2 si7 lɛ]
honey 蜜 [mi7]
honeymoon 蜜月 [mi7 ŋuo7]
horse 马 [ma3]
hospital 医院 [i1 ieŋ5]
hospitality 好客 [ho5 k'a6]
hostage 人质 [iŋ2 p'ieu4]
hostel 旅社 [ly3 lia5]

hostile 敌对 [ti7 tɔy4]
hot 热 [ie7]
hotel 酒店 [tsieu3 laiŋ4]
hour 小时 [tɛiŋ3 ʒyŋ1]
house 房子 [ts'uo4]
how 怎样 [tsuoŋ3]
hug 抱 [po5]
human 人 [nøyŋ2]
human rights 人权 [iŋ2 kuoŋ2]
hundred 百 [pa6]
hungry 饿 [k'øyŋ1]
hunt 打猎 [p'a6 la7]
hunter 猎人 [la7 nøyŋ2]
hurry 赶紧 [kaŋ3 ŋiŋ3]
hurt 受伤 [sieu5 suoŋ1]
husband 丈夫 [touŋ5 muo1]

I 我 [ŋuai3]
ice 冰 [piŋ1]
ID card 证件 [tsiŋ4 yoŋ5]
idea 想法 [suoŋ3 hua6]
identification 身份证 [siŋ1 ouŋ5 tsɛiŋ4]
identify 识别 [si6 pie6]
idiom 成语 [siŋ2 ŋy3]
if 如果 [y2 kuo3]
ignition 点火 [k'i3 huoi3]
ignore 无视 [u2 sɛi5]
illegal 非法的 [uoi2 hua6 lɛ]
illness 病 [paŋ5]
immigrant 移民的 [ie2 miŋ2 lɛ]
immigration 移民 [ie2 miŋ2]
impolite 不礼貌的 [mo2 lɛ3 lou4 lɛ]
import 进口 [tsiŋ4 k'au3]
income 收入 [sieu1 i7]
incorrect 不正确的 [mɛ5 tsiaŋ4 k'ou6 lɛ]
individual 个人 [ko6 iŋ2]

indoor 室内 [ts'uo4 tie3]
inexpensive 便宜的 [pɛiŋ2 ŋie2 lɛ]
infant 婴儿 [ts'u6 sie4 iaŋ3]
infect 传染 [tuoŋ2 nieŋ3]
infected 传染的 [tuoŋ2 nieŋ3 lɛ]
infection 传染病 [tuoŋ2 lieŋ3 paŋ5]
influence 影响 [iŋ3 hyoŋ3]
influenza 流感 [lieu2 kaŋ3]
information 信息 [siŋ4 sɛi6]
information desk 信息台 [siŋ4 sɛi6 tai2]
infrastructure 基础设备 [ki1 ʒu3 sie6 pɛi5]
inject 注射 [p'a6 tseiŋ1]
injury 受伤 [sieu5 suoŋ1]
ink 墨水 [møy7 ʒuoi3]
inn 旅社 [ly3 lia5]
innocent 天真 [t'ieŋ1 tsiŋ1]
inquiry 调查 [tieu5 tsia1]
insect 虫 [t'øyŋ2]
insect bite 虫咬 [t'øyŋ2 ka5]
insect repellant 防虫液 [huoŋ2 t'øyŋ2 i7]
inside 里面的 [tie3 lie4 lɛ]
inspect 检查 [kieŋ2 tsia1]
instant 马上 [ma3 suoŋ5]
institution 制度 [tsie4 lou5]
insufficient 不够的 [mo2 kau4 lɛ]
insulin 胰岛素 [i2 to3 lou4]
insult 辱骂 [tsou4]
insurance 保险 [po3 ieŋ3]
international 国际 [kuo6 tsie4]
Internet 因特网 [uoŋ3]
interpret 通译 [huaŋ1 i7]
interpretation 通译 [huaŋ1 i7]
interpreter 通译官 [huaŋ1 i7 kuaŋ1]
intersection 十字路口 [sɛi7 tsɛi5 tuo5 k'au3]

intimate 亲密 [ts′iŋ1 mi7]

introduce oneself 介绍自己 [kai4 lieu5 tsi5 ia1]

intruder 干扰者 [p′a6 ts′a3 tsia3]

invite 邀请 [ieu1 ts′iaŋ3]

iron 熨斗 [u6 tau3]

irritate 激怒 [ki6 nou5]

island 岛 [to3]

issue 公布 [kuŋ1 puo4]

it 它 [i1]

itch 痒 [suoŋ5]

item 条款 [tɛu2 k′uaŋ3]

itinerary 旅程 [ly3 liaŋ2]

jacket 外套 [ŋuoi5 t′o4]

jail 监狱 [kaŋ1 lo2]

jam 堵塞 [sɛi6]

January 一月 [i6 ŋuo7]

jar 震动 [tsiŋ3 touŋ5]

jeans 牛仔裤 [ŋu2 iaŋ3 ŋou4]

Jew 犹太人 [ieu2 t′ai4 nøyŋ2]

jewelry 珠宝 [tsuo1 po3]

job 工作 [køyŋ1 ʒou6]

join 参加 [ts′iaŋ1 ka1]

journalist 新闻工作者 [siŋ1 uŋ5 køyŋ1 ʒou6 tsia3]

judge 法官 [hua6 kuaŋ1]

jug 水壶 [tsuoi3 hu2]

juice 果汁 [kuo3 tsai6]

July 七月 [ts′i6 ŋuo7]

jump 跳 [t′ieu4]

jumper cables 连接线 [lieŋ2 tsie6 siaŋ4]

junction 连接 [lieŋ2 tsie6]

June 六月 [løy7 ŋuo7]

jungle 丛林 [tsuŋ2 liŋ2]

just 刚才 [t′a3 lɛiŋ1]

justice 司法 [sy1 hua6]

keep (*v.*) 保持 [po3 t'i2]
kettle 壶 [hu2]
key 钥匙 [so3 lie2]
kick 踢 [t'ɛi6]
kid 孩子 [nie2 iaŋ3]
kidnap 绑票 [pouŋ3 mieu4]
kidney 肾 [sɛiŋ5]
kill 杀 [sa6]
kilogram 千克 [ts'ieŋ1 k'ai6]
kilometer 千米 [ts'ieŋ1 mi3]
kind 善良 [luoŋ2 sieŋ5]
kiss 亲 [tsou6]
kit 工具箱 [ka1 li1 suoŋ1]
kitchen 厨房 [tuo2 puŋ2]
knapsack 背包 [mai5 pau1]
knee 膝盖 [k'a1 βu6 t'au2]
knife 刀 [to1]
knit 编织 [ts'ie6]
knock 敲打 [p'a6]
knot 打结 [p'a6 kie6]
know 知道 [huoi5 ɛi4]
kosher 犹太的 [ieu2 t'ai4 lɛ]

lady 女士 [ny3 søy5]
lake 湖 [u2]
lamb 羊羔 [yoŋ2 ŋiaŋ3]
lamp 灯 [tɛiŋ1]
land 地 [tɛi5]
lane 车道 [ts'ia1 lo5]
language 语文 [ŋy3 uŋ2]
laptop 笔记本电脑 [pɛi6 ki4 puoŋ2 tieŋ5 no3]
large 大 [tuai5]
last 最后的 [tsɔy4 au5 lɛ]

last year 去年 [k'o4 nieŋ2 maŋ2]
late 迟到 [ti2 lo4]
later 等会儿 [tiŋ3 la5]
laugh 笑 [ts'ieu4]
laundromat 自助洗衣店 [tsy5 tsou5 sɛ3 i1 laiŋ4]
laundry 洗衣房 [sɛ3 i1 puŋ2]
lavatory 厕所 [ts'ɛi6 su3]
law 法 [hua6]
lawyer 律师 [lu7 sy1]
layover 停留 [tiŋ2 lieu2]
leader 领导 [liaŋ3 to5]
league 联盟 [lieŋ2 mɛiŋ2]
learn 学 [o7]
leather 皮 [p'uoi2]
leave 离开 [lie5 k'uoi1]
left 左 [tso3]
leg 腿 [t'øy3]
legal 合法的 [ha7 hua6 lɛ]
legislature 立法机关 [li7 hua6 ki1 uaŋ1]
lemon 柠檬 [niŋ2 muŋ2]
lens 镜头 [kiaŋ4 nau2]
less (*adv.*, little) 少 [tsieu1]
letter 信 [p'ie1]
lettuce 生菜 [uo1 sung2]
level 水平 [tsuoi3 βaŋ2]
library 图书馆 [tu2 ʒy1 kuaŋ3]
lice 虱子 [sɛi6 mo3]
license 牌照 [pɛ2 tsieu4]
lid 盖子 [kai4 kai4]
lie 说谎话 [luaŋ5 kouŋ3]
life 生活 [sɛiŋ1 ua7]
lift 举 [ky3]
light 灯 [tɛiŋ1]
lighting 照明 [tsieu4 miŋ2]
like (*v.*) 喜欢 [hi3 huaŋ1]

lime 石灰 [suo7 huoi1]
limit (*v.*) 限制 [εiŋ5 tsie4]
lip 嘴唇 [ts'y4 βuoi2]
liquid 液体 [ie7 t'ε3]
liquor 酒精 [tsieu3 tsiŋ1]
list 清单 [tsiŋ1 naŋ1]
listen 听 [t'iaŋ1]
liter 公升 [tsiŋ1]
litter 垃圾 [puŋ4 no4]
little (*adj.*) 少 [tsieu1]
live (*v.*) 住 [tieu5]
liver 肝 [kaŋ1]
lizard 蜥蜴 [tu5 laiŋ5]
load (*v.*) 负担 [hu6 taŋ1]
loaf 条 [tεu2]
loan (*n.*) 贷款 [tai5 k'uaŋ3]
lobby 大厅 [tuai5 liaŋ1]
local 当地 [touŋ1 tεi5]
location 地点 [ti5 tieŋ3]
lock 锁 [so3]
lock out 锁外面 [so3 ŋie5 lau3]
locker 锁柜 [so3 kuoi5]
long 长 [touŋ2]
look 看 [k'aŋ4]
loose 宽松的 [k'uaŋ1 søyŋ1]
lose 遗失 [p'a6 mo2]
lost 失去的 [p'a6 mo2 lε3]
loud 大声 [tuai5 liaŋ1]
lounge 休息室 [hieu1 lεi6 nεi6]
love 爱 [ai4]
low 低 [tε1]
lucky 好运 [ho3 ouŋ5]
luggage 行李 [hεiŋ2 li3]
lunch 午餐 [tau4]

machine 机器 [ki1 εi4]

mad 生气 [k'εi4]

maid 女仆 [ny3 p'u7]

mail (*n.*) 信件 [p'ie1 lεin4]; (*v.*) 寄 [kie4]

main (*adj.*) 主要的 [tsuo3 ieu4 lε]

make (*v.*) 做 [tso4]

man 男 [nan2]

mandatory 强制的 [kyon2 tsie4 lε]

manual (*n.*) 指南 [tsi3 nan2]

many 很多 [ia3 la5]

map 地图 [ti5 lu2]

marketplace 市场 [ts'i5 luon2]

marriage 结婚 [kie6 huon1]

married 已婚的 [i3 uon1]

marry 结婚 [kie6 huon1]

massage 按摩 [an4 mo2]

math 数学 [su4 ou7]

mattress 床垫 [ts'oun2 tain5]

maximum 最大的 [tεi6 tuai5 lε]

mayor 市长 [ts'i5 luon3]

meal 饭 [puon5]

measure 量 [luon2]

meat 肉 [ny7]

mechanic 手工的 [ts'ieu3 køyn1 lε]

medication 药物 [yo7 u7]

medicine 药 [yo7]

medium (*adj.*) 中间的 [tai2 loun1 lε]

meet (*v.*) 碰到 [p'ɔun5 tuo7]

meeting 会 [huoi5]

melon 瓜 [kua1]

melt (*v.*) 融化 [yon2]

member 成员 [sin2 uon2]

menstruation 月经 [ŋuo7 kin1]

mental (*adj.*) 脑力的 [no3 li7 lε]

menu 菜单 [ts'ai4 lan1]

merchant 商人 [suoŋ1 iŋ2]

message 信息 [siŋ4 sɛiŋ6]

messenger 报信员 [po4 sɛiŋ4 uoŋ2]

metal 合金 [ha7 kiŋ1]

meter 米 [mi3]

metro station 地铁站 [ti5 t'ie6 tsiaŋ5]

microwave 微波 [mi2 βo1]

midday 中午 [tyŋ1 ŋu3]

middle 中间 [tai2 louŋ1]

midnight 半夜 [puaŋ4 maŋ2]

might 可能 [k'o3 nɛiŋ2]

migraine 偏头痛 [t'au2 t'iaŋ4]

mild (*adj.*) 温和的 [uŋ1 ho2]

mile 英里 [iŋ1 li3]

military 军队 [puo5 tuoi5]

milk 牛奶 [ŋu2 nɛiŋ2]

million 百万 [pa6 uaŋ5]

mine 矿 [k'uaŋ4]

minimum 最小的 [tɛi6 nɔuŋ5 lɛ]

minor (*adj.*) 次要的 [ts'y4 ieu4 lɛ]

mint 铸造 [tso4]

minute 分钟 [huŋ1 ʒyŋ1]

mirror 镜子 [kiaŋ4]

misunderstanding 误会 [ŋuo5 huoi5]

mix 混合 [niaŋ3]

mobile phone 手机 [ts'ieu3 ki1]

moment 时刻 [si5 k'ai6]

Monday 星期一 [pai4 ɛi6]

money 钱 [tseiŋ2]

monkey 猴 [kau2]

month 月 [ŋuo7]

monument 纪念碑 [ki4 nieŋ5 pi1]

moon 月亮 [ŋuo7]

more (*adv.*) 多 [to1]

morning 早上 [tsai3 lau2]

mosque 清真寺 [ts'iŋ1 tsiŋ1 sɛi5]

mosquito 蚊子 [huŋ1 muoŋ2]
mosquito net 蚊帐 [tuoŋ4]
most (*adv.*) 最多 [tɛi6 sa5]
motel 汽车旅馆 [k'i4 ʒia1 ly3 uaŋ3]
mother 妈妈 [ma1 ma1]
mother-in- law 岳母 [tuoŋ2 nɛ3]
motion sickness 晕动病 [hiŋ2 touŋ5
  paŋ5]
motor 机动的 [ki1 touŋ5 lɛ]
motorcycle 摩托车 [k'iŋ1 k'ie2]
mount 爬 [pa2]
mountain 山 [saŋ1]
mouse 老鼠 [lo3 ʒy3]
moustache 胡须 [ts'y4 lieu1]
mouth 嘴巴 [ts'uoi4]
move (*v.*) 移 [ie2]
movie 电影 [tieŋ5 iŋ3]
movie theater 电影院 [tieŋ5 iŋ3 ieŋ5]
Mr. (*title*) 先生 [sieŋ1 sɛiŋ1]
Mrs.(*title*) 太太 [t'ai4 t'ai4]
Ms. (*title*) 小姐 [sieu3 tsia3]
much (*adv.*) 很 [ia3]
mud 泥 [nɛ2]
mural 壁画 [pie6 ua5]
murder 杀人 [t'ai2 nøyŋ1]
muscle 肌肉 [ki1 ny7]
museum 博物馆 [pou6 u7 kuaŋ3]
mushroom 香菇 [hyoŋ1 ŋu1]
music 音乐 [iŋ1 ŋou7]
musical instrument 乐器 [ŋou7 kɛi4]
musician 音乐家 [iŋ1 ŋou7 ka1]
Muslim 穆斯林 [mu7 sy1 liŋ2]
mussels 淡菜 [taŋ5 ʒai4]
mystery 秘密 [pi4 mi7]

naked (*adj.*) 裸体 [lo2 t'ε3]

name 名 [miaŋ2]

napkin 纸巾 [tsai3 yŋ1]

narrow 窄 [k'ai6]

nation 国家 [kuo6 ka1]

native 本地人 [puoŋ3 tei5 nøyŋ2]

nature 自然 [tsy5 yoŋ2]

nausea 恶心 [puo6 t'ou4]

navigation 航海 [kiaŋ2 hai3]

navy 海军 [hai3 ŋuŋ1]

near (*prep.*) 靠近 [k'o4 køyŋ5]

nearby (*adj.*) 附近 [hu5 køyŋ5]

neck 脖子 [tau2 ɔu6]

necklace 项链 [houŋ5 lieŋ5]

need (*v.*) 需要 [sy1 ieu4]

needle 针 [tsεiŋ1]

neighbor 邻居 [liŋ2 ky1]

neighborhood 街坊 [ts'uo4 βieŋ1]

nephew 外甥 [ŋie5 lεiŋ1]

nerve 勇气 [taŋ3]

neutral (*adj.*) 中立 [tyŋ1 li7]

never (*adv.*) 从未 [t'au4 lε3 tu1 mo2]

new (*adj.*) 新 [siŋ1]

New Year 春节 [ts'uŋ1 ʒai6]

New Year's Day 正月初一 [tsiaŋ4 ŋuo7 ts'œ1 εi6]

New Year's Eve 除夕 [saŋ1 nεi7 maŋ2 muo1]

news 新闻 [siŋ1 uŋ2]

newspaper 报纸 [po4 tsai3]

next 下回 [a5 uoi2]

next to 在旁边 [ka7 pouŋ2 mieŋ1]

next year 明年 [maŋ2 nieŋ2 maŋ2]

nice 和蔼的 [ho3 liaŋ4 lε]

niece 外甥女 [ŋie5 lεiŋ1 ny3]

night 夜 [ia5]

nightlife 夜生活 [ia5 sɛiŋ1 ua7]

nine 九 [kau3]

nineteen 十九 [sɛi7 kau3]

ninety 九十 [kau3 lɛi7]

no 不 [mo2]

noise 噪音 [tsa2 iŋ1]

non-smoking 禁止吸烟 [kɛiŋ4 tsi3 sie6
houŋ1]

noodles 面 [mieŋ5]

noon 中午 [tyŋ1 ŋu3]

normal 正常 [tsiaŋ4 suoŋ2]

north 北 [pɔy6]

northeast 东北 [tøyŋ1 pɔy6]

northwest 西北 [se1 pɔy6]

nose 鼻 [p'ɛi4]

note 笔记 [pɛi6 kɛi4]

nothing 无事 [mo2 tai5 ie4]

November 十一月 [sɛi7 ɛi6 ŋuo7]

now 现在 [hieŋ5 ʒai5]

nowhere (*adv.*) 无处 [mo2 ti5 uoŋ1]

nuclear (*adj.*) 原子的 [ŋuoŋ2 ʒy3 lɛ]

nudist beach 裸体海滩 [lo2 t'e3 hai3
t'aŋ1]

number 号码 [ho5 ma3]

nun 尼姑 [nɛ2 u1]

nurse 护士 [hu5 løy5]

nuts 坚果 [kieŋ1 ŋuo3]

occupant 居住者 [ky2 tieu5 nøyŋ2]

occupation 职业 [tsi6 ŋie7]

ocean 海洋 [hai3 yoŋ2]

o'clock 点钟 [tɛiŋ3 ʒyŋ1]

October 十月 [sɛi7 ŋuo7]

octopus 章鱼 [møy7 ŋy2]

odor 气味 [ɛi5]

off (*adv./adj.*) 关 [kuoŋ1]

offend (*v.*) 冒犯 [mo5 huaŋ5]
office 办公室 [pɛiŋ5 ŋuŋ1 nɛi6]
officer 警官 [kiŋ3 kuaŋ1]
official 官方的 [kuaŋ1 huoŋ1 lɛ]
often (*adv.*) 经常 [kiŋ1 suoŋ2]
oil 油 [ieu2]
OK 好的 [a5 sai3]
old 老 [lau5]
olive 橄榄 [ka3 laŋ3]
on 开着的 [k'uoi1 lɛ]
once 一回 [so7 uoi2]
one 一 [ɛi6]
one-way 单程 [taŋ1 liaŋ2]
onion 洋葱 [yoŋ2 ts'øyŋ1]
only 只 [taŋ1 taŋ1]
open 开 [k'uoi1]
opera 戏剧 [hie4]
operator 话务员 [ua5 u5 uoŋ2]
opposite 相反 [suoŋ1 huaŋ3]
option 选项 [souŋ3 tɛi7]
or 或者 [hei7 tsia3]
oral 口头 [k'ɛu3 lau2]
orange 橙 [tsɛiŋ2]
orchard 果园 [kuo3 huoŋ2]
orchestra 管弦乐队 [ŋou7 tuoi5]
order 命令 [miŋ5 nɛiŋ5]
ordinary 普通的 [p'u3 tuŋ1 lɛ]
organ 器官 [k'i4 kuaŋ1]
organic 有机的 [ieu2 ki1 lɛ]
original 天然 [t'ieŋ1 yoŋ2]
other 其他的 [ki2 t'a1]
ought 应该 [iŋ4 ŋai1]
our 我们的 [ŋuai3 ko6 nøyŋ2 lɛ]
out (*adv.*) 出现 [ts'u6 hieŋ5]
outdoor (*adj.*) 户外 [hu5 ŋuoi5]
outside 外面的 [ŋie5 lau3]

oven 烤炉 [k'o3 lu2]
over (*prep.*) 超过 [ts'ieu1 kuo4]
overdose 药量过多 [yo7 kuo4 la5]
overnight (*adv.*) 通宵 [t'au4 ia5]
own (*v.*) 拥有 [ou5]
owner (*n.*) 老板 [lo3 pεiŋ3]
oxygen 氧气 [yoŋ3]

pack 包装 [pau1 ʒouŋ1]
package 包裹 [pau1 kuo3]
page 页 [hie7]
paid 支付 [tsie1 hou4]
pain 疼痛 [t'iaŋ4]
painful 疼痛的 [t'iaŋ4 lε]
painkiller 止痛药 [tsi3 t'iaŋ4 yo7]
pair 一双 [so7 søyŋ1]
pajamas 睡衣 [suoi4 i1]
pan 平锅 [paŋ2 tε3 kuo1]
pants 裤子 [k'ou4]
paper 纸 [tsai3]
parcel 包裹 [pau1 kuo3]
pardon (*n.*) 原谅 [ŋuoŋ2 luoŋ2]
parent 父母 [pa5 nε3]
park 公园 [kuŋ1 huoŋ2]
parking 泊车 [po7 ts'ia1]
parliament 国会 [kuo6 huoi5]
partner 合伙人 [ha7 huo3 nøyŋ2]
party 聚会 [tsy5 ts'uaŋ1]
passenger 旅客 [ly3 k'a6]
passport 护照 [hu5 ʒieu4]
password 密码 [mi7 ma3]
pasta 面 [mieŋ5]
pastry 糕 [ko1]
path 道路 [to5 lou5]
patience (*n.*) 耐心 [nai5 liŋ1]
patient (*n.*) 病人 [paŋ5 nøyŋ2]

pavement 人行道 [nøyŋ2 hɛiŋ2 to5]

pay 付 [hou4]

payment 付款 [hou4 k'uaŋ3]

pea 豌豆 [kiŋ1 nau5]

peace 安静 [aŋ1 tsɛiŋ5]

peach 桃子 [t'o2]

peak 顶点 [tiŋ3 tieŋ3]

peanuts 花生 [hua1 lɛiŋ1]

pedal 踏板 [k'a1 ta7]

pedestrian 行人 [hɛiŋ1 iŋ2]

pen 笔 [pɛi6]

penalty 罚款 [hua7 k'uaŋ3]

pencil 铅笔 [yoŋ2 mɛi6]

people 人 [nøyŋ2]

pepper 胡椒 [hu2 lieu1]

percent 百分比 [pa6 huŋ5 pi3]

perfect 完美 [uoŋ2 mi3]

period 周期 [tsieu1 ki1]

permanent (*adj.*) 永久的 [iŋ3 ku3 lɛ]

permission (*n.*) 许可 [hy3 k'o3]

permit (*v.*) 允许 [hy3 k'o3]; (*n.*) 许可 [hy3 k'o3]

person 人 [nøyŋ2]

personal 个人的 [ko6 nøyŋ1 lɛ]

pest 害虫 [hai5 t'øyŋ2]

pet 宠物 [t'uŋ3 u7]

petrol 汽油 [k'i4 ieu2]

pharmacy 药店 [yo7 laiŋ4]

phone 电话 [tieŋ5 ua5]

phone booth 电话亭 [tieŋ5 ua5 tiŋ2]

phone card 电话卡 [tieŋ5 ua5 k'a3]

phone number 电话号码 [tieŋ5 ua5 ho5 ma3]

photograph 照相 [k'ia7 suoŋ4]

phrase 短语 [tøy3 ny3]

physician 医生 [i1 lɛiŋ1]

piano 钢琴 [kouŋ1 iŋ2]

pick 挑 [t'ieu1]

picnic 野餐 [ia3 ts'uaŋ1]

picture 照片 [suoŋ4 pi'eŋ4]

pie 饼 [piaŋ3]

piece 片 [pi'eŋ4]

pig 猪 [ty1]

pigeon 白鸽 [pa7 la6]

pill 药丸 [yo7 uoŋ2]

pillow 枕头 [tsieŋ3 nau2]

pint 品脱 [p'iŋ3 t'ɔuŋ5]

pipe 管 [kuaŋ3]

place 地方 [ti5 uoŋ1]

plain 简单 [kaŋ3 taŋ1]

plan 计划 [kie4 hei7]

plane 飞机 [hi1 ki1]

plant 草木 [ts'au3 mu7]

plastic 塑料 [su4 lau5]

plate 牌照 [pɛ2 tsieu4]

platform 平台 [piŋ2 tai2]

play (n.) 游戏 [ieu2 hie4]; (v.) 玩耍
  [k'a6 lieu2]

pleasant 愉快的 [y2 k'uai4 lɛ3]

please 请 [ts'iaŋ3]

plug 插 [ts'ia6]

pocket 口袋 [tøy5 tɔy5]

poem 诗 [si1]

point 点 [tieŋ3]

poison 有毒 [u5 tu7 lɛ]

police 警察 [kiŋ3 ʒia6]

police station 警察局 [kiŋ3 ʒia6 ŋuo7]

polite 礼貌的 [u5 lɛ3 mau5 lɛ]

politics 政治 [tsiŋ4 tɛi5]

pollution 污染 [u1 niɛŋ3]

pool 游泳池 [ieu2 iŋ3 nie2]

population 人口 [iŋ2 k'ɛu3]

pork 猪肉 [ty1 ny7]

portable (*adj.*) 手提的 [ts'ieu3 t'i2 lε]

possibly (*adv.*) 可能的 [k'o3 nεiη2 lε]

post office 邮政局 [ieu2 ʒiη4 ηuo7]

postage 邮费 [ieu2 hie4]

postal code 邮编 [ieu2 p'ieη1]

postbox 邮箱 [ieu2 suoη1]

postcard 明信片 [miη2 siη4 pi'eη4]

postpone 推迟 [t'øy1 ti2]

pot 壶 [hu2]

potato 马铃薯 [huaη1 ηiaη ny2]

pottery 陶器 [to2 kεi4]

poultry 家禽 [kie1 a6]

pound (*n.*) 磅 [pouη5]

pour (*v.*) 倒 [to4]

poverty (*n.*) 贫困 [piη2 k'ouη4]

power 力量 [li7 luoη5]

pray 祈祷 [ki2 to3]

prefer (*v.*) 更喜欢 [kaiη4 hi3 huaη1]

pregnant 怀孕 [huai2 eiη5]

prescription 药方 [yo7 uoη1]

president 总统 [tsuη3 t'uη3]

price 价钱 [ka4 ʒieη2]

priest 牧师 [muo7 sy1]

printer 打印机 [ta3 εiη4 ki1]

prison 监狱 [kaη1 lo2]

prisoner 犯人 [huaη5 nøyη2]

privacy 隐私 [yη3 sy1]

private 私家 [sai1 a1]

private property 私人财产 [sai1 a1 tsai2 laη3]

private room 包间 [pau1 kaη1]

prize 奖品 [tsuoη3 p'iη3]

probably (*adv.*) 可能 [k'o3 nεiη2]

problem 问题 [uη5 nε2]

product (*n.*) 产品 [saη3 p'iη3]

professional 专业 [tsuonŋ1 ŋie7]
professor 教授 [kau4 lieu5]
profile (*n.*) 外形 [ŋuoi5 hiŋ2]
profit 利润 [li4 øyŋ5]
program 程序 [t'iaŋ2 søy5]
prohibit 禁止 [kɛiŋ4 tsi3]
project 工程 [køyŋ1 niaŋ2]
promise (*v.*) 许诺 [iŋ4 niŋ2]
promotion 提升 [t'i2 siŋ1]
pronounce (*v.*) 发音 [hua6 iŋ1]
proper (*adj.*) 适当 [ti7 touŋ4]
property 财产 [tsai2 laŋ3]
prosecute (*v.*) 起诉 [k'i3 sou4]
protect 保护 [po3 hou5]
protest 抗议 [k'ouŋ4 ŋie5]
Protestant 新教 [siŋ1 kau4]
province 省 [sɛiŋ3]
psychologist 心理学家 [siŋ1 li3 hou7 ka1]
public 公用 [kuŋ1 øyŋ5]
public telephone 公用电话 [kuŋ1 øyŋ5 tieŋ5 ua5]
public toilet 公用厕所 [kuŋ1 øyŋ5 ts'ɛi6 su3]
public transportation 公共交通 [kuŋ1 køyŋ5 kau1 t'uŋ1]
pudding 布丁 [kuo3 touŋ4]
pull 拉 [la1]
pulse 脉搏 [ma7]
pump 抽水 [t'ieu1 tsuoi3]
punch 重击 [mo4]
puncture 刺穿 [ts'ie4 ts'ouŋ1]
punish 惩罚 [tiŋ1 hua7]
purchase 买 [me3]
pure 纯净 [suŋ2 tsiaŋ5]
purple 紫 [tsie3]

purpose 目的 [mu7 tɛi6]
purse 钱包 [tsieŋ2 pau1]
push 推 [t'iaŋ3]
puzzle 谜 [mɛi5]
pyramid 金字塔 [kiŋ1 tsi5 t'a6]

qualify (*v.*) 有资格 [u5 tsy1 ka6]
quality 质量 [tsi6 luoŋ5]
quantity (*n.*) 数量 [su4 luoŋ5]
quarantine 检疫 [kieŋ3 i7]
quarter 两毛五 [laŋ5 nɔy6 puaŋ4]
question 问题 [uŋ5 nɛ2]
queue 排队 [pɛ2 tuoi5]
quick 快 [k'ɑ4]
quiet 安静 [aŋ1 tsɛiŋ5]

radio 收音机 [sieu1 iŋ1 ki1]
rail 铁轨 [t'ie6 kuoi3]
railroad 铁路 [t'ie6 tuo5]
rain 雨 [y3]
ramp 斜坡 [lo7 puo1]
rape 强奸 [kyoŋ2 kaŋ1]
rapid 快速的 [k'uai4 sou6]
rare 稀少的 [hi1 tsieu3]
rat 老鼠 [lo3 ʒy3]
rate 速度 [sou6 tou5]
ratio 比率 [pi3 lu7]
ration 定量 [tiŋ5 luoŋ5]
raw 生 [ts'aŋ1]
razor 剃 [t'ie4]
read 读 [t'øy7]
ready 准备 [tsuŋ3 pɛi5]
rear (*adj.*) 后面 [a5 lau3]
reason 缘故 [yoŋ2 kou4]
reasonable 合理的 [ha7 li3 lɛ]
rebel 造反 [tso4 huaŋ3]

rebellion 谋反 [mɛu2 huaŋ3]

receipt 收据 [sieu1 køy4]

receive 收到 [sieu1 tuo7]

recognize 认出 [nɛiŋ5 ts'ou6]

recommend 推荐 [t'øy1 tsieŋ5]

record 记录 [kɛi4 luo7]

rectangle 长方形 [touŋ2 huoŋ1 hiŋ2]

recycle 回收 [huoi2 sieu1]

red 红 [øyŋ2]

referee (*n.*) 介绍人 [kai4 lieu5 iŋ2]

reference 参考 [ts'iaŋ1 k'o3]

refrigerator 冰箱 [piŋ1 suoŋ1]

refuge 庇护 [pi4 hou5]

refugee 难民 [naŋ5 miŋ2]

refund 退款 [t'øy4 k'uaŋ3]

regime 政权 [tsiŋ4 kuoŋ2]

region 地区 [ti5 k'y1]

registration 登记 [tɛiŋ1 ŋɛi4]

regular 正常的 [tsiaŋ4 suoŋ2 lɛ]

relationship 关系 [kuaŋ1 hie5]

relative 亲戚 [ts'iŋ1 ʒɛi6]

reliable 可靠的 [k'o3 k'o4]

religion 宗教 [tsuŋ1 kau4]

remedy (*n.*) 补救 [puo3 ieu4]

remember 记得 [kɛi4 lɛ]

remind 提醒 [t'i2 siŋ3]

remove 移动 [ie2 touŋ5]

rent 租 [tsu1]

repair 修理 [sieu1 li3]

repair shop 修理店 [sieu1 li3 laiŋ4]

repay (*v.*) 回报 [huoi2 po4]

repeat 重复 [tyŋ2 hu6]

replace 代替 [tai5 t'ɑ4]

reply 回复 [huoi2 hu6]

report 报告 [po4 ko4]

reporter 记者 [ki4 tsia3]

republic 共和 [køyŋ5 huo2]
request 请求 [ts'iaŋ3 kieu2]
require 要求 [ieu2 kieu2]
rescue 营救 [kieu4]
reservation 预约 [y5 yo6]
reserve 预约 [y5 yo6]
reservoir 水库 [tsuoi3 k'ou4]
respect 尊敬 [tsouŋ1 kɛiŋ4]
rest 休息 [hieu1 lɛi6]
restaurant 餐馆 [ts'uaŋ1 uaŋ3]
restricted (*adj.*) 限制的 [ɛiŋ5 tsie4 lɛ]
resume 重新开始 [tyŋ2 siŋ1 k'ai1 sy3]
retrieve 恢复 [k'uoi1 hu7]
return (*v.*) 归还 [tɛiŋ2]
reverse (*v.*) 倒退 [to3 t'øy4]
revive 复活 [hu7 ua7]
revolution 革命 [kɛi6 mɛiŋ5]
rib 排骨 [pɛ2 ɔu6]
ribbon 带 [tai4]
rice 米 [mi3]
ride 骑 [k'ie2]
right 右边 [ieu5]
ring 戒指 [ts'ieu3 ʒi3]
riot 暴乱 [po4 luaŋ5]
rip 撕 [t'ie3]
risk 风险 [huŋ1 hieŋ3]
river 江 [køyŋ1]
road 路 [tuo5]
road map 地图 [ti5 tu2]
roasted 烤的 [k'o3 lɛ]
rob 打劫 [ts'uoŋ3 tou7]
rock (*n.*) 岩石 [suo7]
romance 浪漫 [ai4 tsiŋ2]
romantic 浪漫的 [ai4 tsiŋ2 lɛ]
roof 屋顶 [ts'uo4 ŋua5 liŋ3]
room 房间 [puŋ2 aŋ1]

room rate 房价 [ts'uo4 ka4]

room service 客房服务 [k'a6 puŋ2 hu7 ou5]

rope 绳子 [so6]

rot (v.) 腐烂 [yoŋ1]

rotten 腐烂的 [yoŋ1 lɛ3]

rough 粗 [ts'u1]

round-trip 双程 [søyŋ1 niaŋ2]

round-trip ticket 双程票 [søyŋ1 niaŋ2 p'ieu4]

route 路线 [luo5 liaŋ4]

royalty 皇室 [huoŋ2 nɛi6]

rubber 橡皮擦 [pi6 ts'o4]

rude 无礼的 [mo2 lɛ3 lou4 lɛ]

rug 小地毯 [sieu3 ti5 t'aŋ3]

rugby 橄榄球 [kaŋ3 laŋ3 ŋieu2]

ruins 遗迹 [mi2 tsɛi6]

rule 规则 [kie1 tsai6]

run 跑 [pie4]

sacred 神圣的 [siŋ2 sɛiŋ4 lɛ]

sad 伤心 [suoŋ1 siŋ1]

saddle 鞍 [aŋ1]

safe 安全的 [aŋ1 tsuoŋ2 lɛ]

safety 安全 [aŋ1 tsuoŋ2]

sail 航行 [houŋ2 ŋɛiŋ2]

salad 沙拉 [sa1 la7]

salary 工资 [køyŋ1 tsy1]

sale 销售 [sieu3 lieu2]

sales receipt 收据 [sieu1 køy4]

sales tax 销售税 [sieu3 lieu2 suoi4]

salon 沙龙 [sa1 lyŋ2]

salt 咸 [kɛiŋ2]

same 一样的 [so7 yoŋ5 lɛ]

sample 样本 [yoŋ5 puoŋ3]

sanction 制裁 [tsie4 tsøy2]

sanctuary 避难地 [pie5 naŋ5 lɛi5]

sand 沙 [sai1]

sandals 凉鞋 [luoŋ2 e2]

sandwich 三明治 [saŋ1 miŋ2 tɛi5]

sanitary napkin 卫生巾 [uoi5 lɛiŋ1 yŋ1]

satellite 卫星 [uoi5 liŋ1]

Saturday 星期六 [pai4 løy7]

sauce 酱 [tsuoŋ4]

sausage 香肠 [hyoŋ1 louŋ2]

save 节省 [saŋ3]

saw 锯 [køy4]

say 讲 [kouŋ3]

scanner 扫描机 [sau4 mieu3 ki1]

scar 疤 [pa1]

scarf 围巾 [uoi2 yŋ1]

scary (*adj.*) 胆小 [taŋ3 sieu3]

scene 场景 [tuoŋ2 kiŋ3]

scenery (*n.*) 风景 [huŋ1 kiŋ3]

schedule 课程表 [k'uo1 liaŋ2 pieu3]

school 学校 [hou7 hau5]

science 科学 [k'uo1 ou7]

scissors 剪刀 [ka1 lo1]

score 分数 [huŋ5 nu4]

screen 屏 [piŋ2]

screw 螺丝 [løy2 βi1]

screwdriver 螺丝刀 [løy2 βi1 ka3]

sculpture 雕塑 [teu5 sou4]

sea 海 [hai3]

seafood 海鲜 [hai3 ts'ieŋ1]

search (*n.*) 搜索 [seu1 so3]

seasick 晕船 [hiŋ2 nuŋ2]

season 四季 [si4 ie4]

seasonal 季节的 [kie4 ʒie6 lɛ]

seat 位 [uoi5]

seat belt 安全带 [aŋ1 tsuoŋ2 nai4]

seat number 座位号 [sɔy5 uoi5 ho5]

second 第二 [tɛ5 nɛi5]

secondhand store 二手店 [ni5 tsʼieu3
 laiŋ4]

secret 秘密 [pi4 mi7]

secretary 秘书 [pi4 tsy1]

section 部门 [puo5 muoŋ2]

secular (*adj.*) 长期的 [touŋ2 ki1 lɛ]

security 安全 [aŋ1 tsuoŋ2]

sedative 镇静 [tɛiŋ4 tsɛiŋ5]

see 看见 [kʼaŋ4 ŋieŋ4]

seed 种子 [tsyŋ3 tsi3]

seek 寻找 [siŋ2 tʼo3]

seem (*v.*) 好像 [ho3 tsʼuoŋ5]

select (*v.*) 选 [souŋ3]

selection (*n.*) 选择 [souŋ3 tɛi6]

self- service 自助 [tsy5 tsou5]

sell (*v.*) 卖 [mɑ5]

seminar 讨论会 [tʼo3 louŋ5 uoi5]

senate 参议院 [tsʼiaŋ1 ŋie5 ieŋ5]

senator 参议员 [tsʼiaŋ1 ŋie5 uoŋ2]

send 寄 [kie4]

senior 老人 [lau5 nøyŋ2]

sensitive 敏感 [miŋ2 kaŋ3]

sentence 句子 [kuo4]

separate (*adj.*) 单独的 [taŋ1 tu7 lɛ];
 (*v.*) 分 [puoŋ1]

September 九月 [kau3 ŋuo7]

serious 严重 [ŋieŋ2 tøyŋ5]

servant 仆人 [pʼu6 iŋ2]

serve 服务 [hu7 ou5]

server 服务员 [hu7 u5 uoŋ2]

service 服务 [hu7 ou5]

settlement 结算 [kie6 souŋ4]

seven 七 [tsʼɛi6]

seventeen 十七 [sɛi7 tsʼɛi6]

seventy 七十 [tsʼi6 sɛi7]

sew (*v.*) 缝 [t'ieŋ4]

sex 性 [sɛiŋ4]

shampoo 洗发露 [sɛ3 lau2 ko1]

share 分享 [huŋ1 hyoŋ3]

shark 鲨鱼 [sai1 ŋy2]

sharp 锋利的 [lɛi5 lɛ]

shave 剃 [t'ie4]

shaving cream 胡须膏 [ts'y4 lieu1 ko1]

she 她 [i1]

sheep 羊 [yoŋ2]

sheet (*n.*) 床单 [ts'ouŋ2 naŋ1]

shellfish 贝 [k'ɔy6 suo7]

shelter (*n.*) 避难地 [pie5 naŋ5 tɛi5]

ship 船 [suŋ2]

shirt 汗衫 [haŋ5 naŋ1]

shoe 鞋 [e2]

shoot (*v.*) 射击 [sia5 kɛi6]

shop 商店 [taiŋ4]

shopkeeper 老板 [lo3 pɛiŋ3]

shoplifting 偷商品 [t'au1 suoŋ1 p'iŋ3]

shopping basket 购物篮 [kɛu1 u7 laŋ2 laŋ2]

shopping center 购物中心 [kɛu1 u7 tyŋ1 niŋ1]

shore (*n.*) 海滨 [hai3 piŋ1]

short 矮 [ɛ3]

shot 发射 [hua6 sia5]

shoulder 肩膀 [kieŋ1 nau2]

shout 呼叫 [tuai5 ko4]

show 显示 [hieŋ3 sɛi5]

shower 淋浴 [sɛ3 liŋ1]

shut (*v.*) 关 [kuoŋ1]

sick 病 [paŋ5]

side 旁边 [pouŋ2 mieŋ1]

sight 景象 [kiŋ3 ts'uoŋ5]

sightseeing 观光 [kuaŋ1 kuoŋ1]

sign 记号 [ki4 ho5]

signal 信号 [siŋ4 ho5]

signature 签名 [ts'ieŋ1 tsɛi5]

silver 银 [ŋyŋ2]

sing 唱 [ts'uoŋ4]

single (*n.*) 单个 [taŋ1 i6]; (*adj.*) 单身的 [taŋ1 niŋ1]

sink 水槽 [tsuoi3 so2]

sir 先生 [sieŋ1 sɛiŋ1]

siren 汽笛 [k'i4 ti7]

sister 姐妹 [tsia3 muoi4]

sit 坐 [sɔy5]

six 六 [løy7]

sixteen 十六 [sɛi7 løy7]

sixty 六十 [løy7 sɛi7]

size 尺寸 [ts'uo6 ʒouŋ4]

skate 滑冰 [hua7 piŋ1]

ski 滑雪 [hua7 suo6]

skin 皮 [p'uoi2]

skirt 裙子 [kuŋ2]

skull 头骨 [t'au2 kou6]

sky 天 [t'ieŋ1]

sleep 睡觉 [k'ɔuŋ4]

sleeping bag 睡袋 [suoi4 tɔy5]

sleeping car 房车 [ts'uo4 ʒia1]

sleeping pills 安眠药 [aŋ1 mieŋ2 yo7]

slow 慢 [maiŋ5]

small 小 [nɔuŋ5]

smell 闻 [pɛi5]

smile 笑 [ts'ieu4]

smoke 吸烟 [sie7 houŋ1]

smoking 吸烟 [sie7 houŋ1]

smooth (*adj.*) 光滑 [kuoŋ1 naŋ1]

snack (*n.*) 点心 [tieŋ3 niŋ1]

snake 蛇 [sie2]

snow (*n.*) 雪 [suo6]; (*v.*) 下雪 [lo7 suo6]

soap 肥皂 [i2 ʒo5]
soccer 足球 [kʼa1 kieu2]
sock 短袜 [tøy3 ua7]
soft 软 [nuoŋ3]
sold 卖 [mɑ5]
sold out 卖光 [mɑ5 uoŋ2]
soldier 士兵 [piŋ1]
some 一些 [so7 nɛi6]
someone 有人 [u5 nøyŋ2]
something 有事 [u5 tai5 ie4]
son 儿子 [kiaŋ3]
song 歌 [ko1]
soon (*adv.*) 快 [kʼɑ4]
sore (*adj.*) 疼痛 [tʼiaŋ4]
sorry 对不起 [tøy4 pu6 tsøy5]
sound 声 [siaŋ1]
soup 汤 [tʼouŋ1]
sour 酸 [souŋ1]
source 来源 [lai2 ŋuoŋ2]
south 南 [naŋ2]
soy 大豆 [tuai5 nau5]
spare (*adj.*) 多余的 [to1 y2]
spare part 备件 [pi5 yoŋ5]
speak 说 [kouŋ3]
special 特别的 [tɛi7 pie6]
speed 速度 [sou6 tou5]
speed limit 限速 [ɛiŋ5 sou6]
speedometer 速度仪 [sou6 tou5 ki1]
spell 拼 [pʼiŋ1]
spend 花 [hua1]
spicy 辣 [la7]
spider 蜘蛛 [tʼi1 ly1]
spine 脊椎 [pʼiaŋ1 tsi6 kɔu6]
spoon 匙 [pʼieu2 ɛiŋ1]
sport 游戏 [ieu2 hie4]
sports 运动 [uŋ5 tɔuŋ5]

spring 春 [ts'uŋ1]
square 广场 [kuoŋ3 tuoŋ2]
stadium 体育场 [t'ε3 y7 tuoŋ2]
staff 职员 [tsi6 uoŋ2]
stairs 楼梯 [lau2 t'ai1]
stamp 邮票 [ieu2 p'ieu4]
stand 站 [k'ie5]
standard (*n.*) 标准 [pieu1 tsuŋ3]
start 开始 [k'ai1 sy3]
state 州 [tsieu1]
station 站 [tsiaŋ5]
statue 雕像 [tεu1 ts'uoŋ5]
stay 停留 [tiŋ2 lieu2]
steak 牛排 [ŋu2 pε2]
steal 偷 [t'au1]
step 步 [puo5]
sterile 贫瘠的 [piŋ2 tsεi6]
stitch 缝合 [t'ieŋ4]
stolen 偷窃 [t'au1]
stomach 胃 [uoi5]
stone 石 [suo7]
stop 停 [tiŋ2]
store 店 [taiŋ4]
storm 风暴 [huŋ1 po4]
stove 火炉 [huoi3 lu2]
straight 直 [ti7]
stranger 陌生人 [saŋ1 ŋouŋ5 nøyŋ2]
street 街 [kε1]
student 学生 [hou7 sεiŋ1]
study 读书 [t'øy7 tsy1]
substitute 代替 [tai5 t'ɑ4]
suburb 郊区 [kau1 k'y1]
subway 地铁 [ti5 t'ie6]
sugar 白糖 [pa7 louŋ2]
suit 套装 [t'o4 ʒouŋ1]
suitcase 手提箱 [ts'ieu3 t'i2 suoŋ1]

suite 套房 [t'o4 puŋ2]
summer 暑假 [sy1 a4]
summon (*v.*) 召集 [tieu1 tsi7]
sun 太阳 [ni7 t'au2]
sunblock 防晒霜 [huoŋ2 puo7 souŋ1]
sunburn 晒伤 [puo7 suoŋ1]
supermarket 超市 [ts'ieu1 ts'ɛi5]
supplies 物资 [u7 tsy1]
surgeon 外科医生 [ŋuoi5 k'uo1 i1 lɛiŋ1]
surgery 外科 [ŋuoi5 k'uo1]
surname 姓 [saŋ4]
surprise 惊喜 [kiŋ1 ŋi3]
surrender (*v.*) 投降 [t'au2 houŋ2]
suspect (*n.*) 嫌疑犯 [hieŋ2 ŋi2 huaŋ5]
swallow (*v.*) 吞 [t'ouŋ1]
swear 发誓 [hua6 sie5]
sweat 汗 [kaŋ5]
sweet 甜 [tieŋ1]
swelling 肿胀 [tsyŋ3]
swim 游泳 [sieu2 tsuoi3]
symbol 符号 [hu2 ho5]
symptom 征兆 [tiŋ1 tieu5]
synagogue 犹太会堂 [ieu2 t'ai4 huoi5 louŋ2]
syringe 注射 [tsy4 sia5]
system 制度 [tsie4 tou5]

table 桌子 [to6]
tag 标签 [pieu1 ts'ieŋ1]
take 拿 [to2]
talk 讲话 [kouŋ3 ua5]
tall 高 [kɛiŋ2]
tampon 卫生巾 [uoi5 lɛiŋ1 yŋ1]
tape 胶带 [ni1 puo4]
taste 尝 [suoŋ2]
tax 税 [suoi4]

taxi 的士 [ti6 søy5]

tea 茶 [ta2]

teacher 教师 [kau4 ly1]

telephone 电话 [tieŋ5 ua5]

television 电视 [tieŋ5 sɛi5]

tell 说 [kouŋ3]

temperature 温度 [uŋ1 tou5]

temple 庙 [mieu5]

temporary (*adj.*) 临时 [liŋ2 si2]

ten 十 [sɛi7]

tenant 租客 [tsu1 k'a6]

tent 帐篷 [tuoŋ4 muŋ2]

territory 领土 [liŋ3 t'u3]

terrorist 恐怖分子 [k'yŋ3 puo5 huŋ5 tsy3]

test 考试 [k'o3 ʒy1]

thank you 谢谢 [sia5 lia5]

that 那 [hy3]

theater 戏院 [hie4 tuoŋ2]

then (*adv.*) 然后 [tsi1 hau5]

there 那里 [hu3 uai4]

they 他们 [i1 ko6 nøyŋ2]

thief 贼 [ts'ɛi7]

thigh 大腿 [tuai5 t'øy3]

thin 瘦 [søy1]

thing 事情 [tai5 ie4]

think 想 [suoŋ3]

thirsty 口渴的 [ts'uoi4 ta1]

thirty 三十 [saŋ1 nɛi7]

this 这 [tsi3]

thought 思想 [sy1 luoŋ3]

thousand 千 [ts'ieŋ1]

threat (*n.*) 威胁 [uoi1 hie7]

three 三 [saŋ1]

throat 喉咙 [ho2 løyŋ2]

through 通过 [t'uŋ1 kuo4]

throw 扔 [k'œ3]

thumb 拇指 [tuai5 mo3 ko1]

thunder 雷 [lai2 uŋ1]

Thursday 星期四 [pai4 sɛi4]

ticket 票 [p'ieu4]

tie 领带 [liaŋ3 nai4]

time 时间 [si2 kaŋ1]

tip 小费 [sieu3 hie4]

tire 轮胎 [luŋ2 t'ai1]

today 今天 [kiŋ1 naŋ4]

together 一起 [tsɛ2]

toilet 厕所 [ts'ɛi6 su3]

toilet paper 纸巾 [tsai3 yŋ1]

toll (*n.*) 通行费 [t'uŋ1 hɛiŋ2 hie4]

tomato 番茄 [huaŋ1 k'ɛi5]

tomorrow 明天 [miŋ2 naŋ4]

tonight 今晚 [kiŋ1 muo1]

tool 工具 [ka1 li1]

tooth 牙 [ŋa2]

toothache 牙疼 [ŋai3 t'iaŋ4]

toothbrush 牙刷 [ŋai3 lɔu6]

toothpaste 牙膏 [ŋai3 ko1]

top 顶点 [tiŋ3 tieŋ3]

torture 折磨 [mo2 mie7]

total 总计 [luŋ3 ʒuŋ3]

touch 摸 [muo1]

tourist 游客 [ieu2 k'a6]

towel 毛巾 [ts'ieu3 yŋ1]

town 镇 [tɛiŋ4]

trade 交易 [kau1 i7]

tradition 传统 [tuoŋ2 t'uŋ3]

traditional 传统的 [tuoŋ2 t'uŋ3 lɛ]

traffic 交通 [kau1 t'uŋ1]

trail 拖 [t'ua1]

train 火车 [huoi3 ʒia1]

train station 火车站 [huoi3 ʒia1 tsiaŋ5]

transfer 传 [tuoŋ2]
translate 翻译 [huaŋ1 i7]
translator 翻译 [huaŋ1 i7]
transplant 迁移 [ts'ieŋ1 ie2]
transport 运输 [uŋ5 sy1]
transportation 交通 [kau1 t'uŋ1]
trap (*v.*) 陷阱 [aŋ5 nɛiŋ4]
trash 垃圾 [puŋ4 no4]
travel 旅游 [ly3 ieu2]
tray 盘 [puaŋ2 puaŋ2]
treat 请客 [ts'iaŋ3 k'a6]
trespassing 侵入 [ts'iŋ1 i7]
trial (*n.*) 试验 [sɛi4 ŋieŋ5]
triangle 三角 [saŋ1 kɔy6]
tribe 部落 [puo5 lou7]
trick (*n.*) 诡计 [kuoi3 ie4]
trip 旅行 [ly3 ɛiŋ2]
trolley (*n.*) 手推车 [ts'ieu3 t'øy1 ʒia1]
trouble 麻烦 [ma2 huaŋ2]
truck 货车 [huo4 ʒia1]
trunk 树干 [ts'ieu4 liŋ1]
trust 信任 [suong1 sɛiŋ4]
truth 真理 [tsiŋ1 li3]
try 试 [sɛi4]
true (*adj.*) 真 [tsiŋ1]
Tuesday 星期二 [pai4 nɛi5]
tunnel 隧道 [suoi5 to5]
turn 转弯 [tuoŋ3 ŋuaŋ1]
tutor 家教 [ka1 kau4]
twelve 十二 [sɛi7 nɛi5]
twenty 二十 [ni5 lɛi7]
twice (*adv.*) 两回 [laŋ5 uoi2]
twin 成对 [siŋ2 tøy4]
type (*n.*) 类型 [løy5 hiŋ2]

umbrella 伞 [saŋ3]

uncle 伯伯 [i1 pa6], 叔叔 [i1 ka1]; 舅舅
[i1 kieu5]

uncomfortable 不舒畅的 [mɛ5 ts'y1 luoŋ4]

unconscious 无知觉 [mo2 kaŋ3 kou7]

under (*prep.*) 在下面 [ka7 a5 lɛ3]

underground (*adj./adv.*) 地下 [ti5 a5]

understand 领会 [liaŋ3 huoi5]

underwear 内衣 [nøy5 i1]

undo 取消 [ts'y3 lieu1]

unfamiliar 不熟悉的 [mɛ5 sy7 sɛi6]

unhappy 不快乐的 [mɛ5 huaŋ1 ŋi3]

uniform 制服 [tsie4 u7]

union 联盟 [lieŋ2 mɛiŋ2]

United States 美国 [mi3 uo6]

university 大学 [tai5 ou6]

unlock 开锁 [k'uoi1 so3]

until 直到 [ti7 kau4]

unusual 不平常的 [mɛ3 paŋ2 suoŋ2]

up (*adv.*) 起来 [k'i3 li2]

use (*v.*) 使用 [sai3]

usual 平常 [paŋ2 suoŋ2]

vacancy 空位 [k'øyŋ4 uoi5]

vacation 旅游 [ly3 ieu2]

vaccinate 接种疫苗 [tsie6 tsyŋ3 i7 mieu2]

vanilla 香草 [hyoŋ1 ts'au3]

vegetable 菜 [ts'ai4]

vegetarian 素食者 [sie7 ts'ai4 lɛ]

vehicle 车 [ts'ia1]

veil (*n.*) 面纱 [miŋ4 na1]

vein 血管 [hɛi6 kuaŋ3]

verb 动词 [tuŋ5 sy2]

very (*adj.*) 很 [ia3]

video 录像 [luo7 ts'uoŋ5]

view 风景 [huŋ1 kiŋ3]

village 村 [ts'ouŋ1]

violence 暴力 [pɔ4 li7]

virus 病毒 [paŋ5 tu7]

visa 签证 [ts'ieŋ1 tsɛiŋ4]

visit 参观 [ts'iaŋ1 kuaŋ1]

visitor 参观者 [ts'iaŋ1 kuaŋ1 nøyŋ2]

voice 声音 [siaŋ1 iŋ1]

volunteer 义工 [ŋie5 køyŋ1]

vomit 呕吐 [t'ou4]

vote 投票 [tau2 p'ieu4]

wait 等 [tiŋ3]

wake 醒来 [ts'iŋ1 ʒaŋ3]

walk 走 [kiaŋ2]

wall 墙 [ts'uoŋ2]

wallet 钱包 [tsieŋ2 pau1]

want 需要 [sy1 ieu4]

war 战争 [tsieŋ4 tsɛiŋ1]

warm 暖 [nouŋ3]

warn 提醒 [t'i2 siŋ3]

warning 警告 [kiŋ3 ko4]

wash 洗 [sɛ3]

washing machine 洗衣机 [sɛ3 i1 ki1]

watch 手表 [ts'ieu3 pieu3]

water 水 [tsuoi3]

we (*pron.*) 我们 [ŋuai3 ko6 ŋøyŋ2]

wear 穿 [søyŋ5]

weather 天气 [t'ieŋ1 kɛi4]

wedding 婚礼 [huoŋ1 lɛ3]

Wednesday 星期三 [pai4 saŋ1]

week 周 [lɛ3 βai4]

weekday 工作日 [køyŋ1 ʒou6 ni7]

weekend 周末 [pai4 løy7 lɛ3 βai4]

weigh 重量 [tɔyŋ5]

welcome 欢迎 [huaŋ1 ŋiŋ2]

well (*interjection*) 好 [ho3]

west 西 [se1]

what 什么 [sie6 miaŋ2]

wheat 小麦 [sieu3 ma7]

wheel 车轮 [ts'ia1 luŋ2]

wheelchair 轮椅 [luŋ2 ie3]

when 什么时候 [mieŋ5 ŋau5]

where (*adv.*) 什么地方 [sie6 no6 ti5 uoŋ1]

whistle (*v.*) 吹口哨 [pi1 βi1 hyoŋ3]

white 白 [pa7]

who (*pron.*) 谁 [tie5 nøyŋ2]

why (*adv.*) 为什么 [k'ɛ4 lie4]

wife 老婆 [lau5 ma3]

wild 野生 [ia3 lɛiŋ1]

win 赢 [iaŋ2]

wind 风 [huŋ1]

window 窗户 [k'aŋ3 muoŋ2 ŋiaŋ3]

wine 红酒 [øyŋ2 ʒieu3]

wing 翅膀 [si7 si7]

winter 冬 [tøyŋ1]

wipe 擦 [ts'ɛi6]

wire 电线 [tieŋ5 liaŋ4]

wireless Internet 无线网络 [u2 liaŋ4 uoŋ3]

wisdom 才智 [tsai2]

withdraw 退回 [t'øy4 tuoŋ3]

withdrawal 收回 [sieu1 tuoŋ3]

without 没有 [mo2]

woman 女士 [ny3 ai4]

wood 木 [mu7]

wool 羊毛 [yoŋ2 mo2]

word 字 [tsɛi5]

work 工作 [køyŋ1 ʒou6]

world 世界 [sie4 ka4]

worm 虫 [t'øyŋ2]

worry (*v.*) 担心 [taŋ1 niŋ1]

wrap (*v.*) 包 [pau1]

wrist 手腕 [ts'ieu3 uaŋ1]

write 写 [sia3]
wrong 错的 [taŋ5 lɛ]

X-ray 拍片 [p'a6 pi'eŋ4]

year 年 [nieŋ2]
yeast 酵母 [puoi2 mo3]
yell 大叫 [tuai5 ko4]
yellow 黄 [uoŋ2]
yes 正是 [tsiaŋ4 nɛi5]
yesterday 昨天 [so7 maŋ2]
yogurt 酸奶 [souŋ1 nɛiŋ2]
you (*pron.*) 你 [ny3]
young (*adj.*) 年轻 [nieŋ2 k'iŋ1]

zero 零 [liŋ2]
zipper 拉链 [la1 ki1]
zoo 动物园 [tuŋ5 u7 huoŋ2]

PHRASEBOOK

BASIC PHRASES

Essentials

Hello.
你好。
[ny3 ho3]

Goodbye.
再见。
[tsai4 kieŋ4]

Yes.
正是。
[tsiaŋ4 nɛi5]

No.
不。
[ŋ5 nɛi5]

Do you speak English?
你会讲英语吗?
[ny3 ɑ5 kouŋ3 iŋ1 ŋy3 mɑ5]

Excuse me. *(to get attention)*
不好意思。
[mɛ5 ho3 i4 løy4]

Excuse me. *(to pass)*
借过。
[k'i3 lɔyŋ5 nuoŋ5 la5]

Okay.
好的。
[hœ6]

Please.
请。
[ts'iaŋ3]

Thank you.
谢谢。
[sia5 lia5]

You're welcome.
不客气。
[mo2 kɛi6 kɛi4]

Sorry.
对不起。
[tøy4 pu6 tsøy5]

It doesn't matter.
不要紧。
[mo2 ieu4 iŋ3]

I need …
我需要 …
[ŋuai3 puo6 ti7…]

Help!
救命!
[kieu4 miaŋ5]

Where is the bathroom?
厕所在哪?
[tie3 nœ3 si4 ts'εi6 su3]

Who?
谁?
[tie5 nøyŋ2]

What?
什么?
[sie6 miaŋ2]

Where?
哪里?
[tie5 nœ3]

When?
什么时候?
[mieŋ5 ŋau5]

Why?
为什么?
[k'ε4 lie4]

entrance
入口
[tie3 k'au3]

exit
出口
[ts'u6 k'au3]

open
开
[k'uoi1]

closed
关
[kuoŋl]

good
好
[ho3]

bad
坏
[ŋai2]

this
这
[tsuoi2]

that
那
[hy3]

here
这里
[tsi3]

there
那里
[hi3]

Greetings

Good morning.
早上好。
[tsai3 lau2 ho3]

Good afternoon.
下午好。
[a5 lau4 ho3]

Good evening.
晚上好。
[maŋ2 muo1 ho3]

Good night.
晚安。
[uaŋ3 aŋ1]

Welcome!
欢迎
[huaŋl ŋiŋ2]

How are you?
你好吗?
[ny3 ho3 ma]

I'm fine, thank you.
我很好，谢谢。
[ŋuai3 ia3 ho3, sia5 lia5]

And you?
你呢?
[ny3 li1]

See you …
…见
[… kieŋ4]

> **soon**
> 很快再
> [ia3 kɑ4 tsai4]

> **later**
> 等会儿再
> [tiŋ3 la5]

> **tomorrow**
> 明天
> [miŋ2 naŋ4]

Take care!
保重!
[po3 lɔyŋ5]

LANGUAGE DIFFICULTIES

Do you speak English?
你会说英语吗?
[ny3 e5 kouŋ3 iŋ1 ŋy3 mɑ5]

Does anyone here speak English?
这里有人说英语吗?
[tsi3 ou5 mo2 nøyŋ2 sɛi4 e5 kouŋ3 iŋ1 ŋy3 ki2]

I don't speak Fujianese.
我不会讲福州话。
[ŋuai3 mɛ5 βai6 kouŋ3 hu5 tsieu1 ua5]

I speak only a little Fujianese.
我只会说一点福州话。
[ŋuai3 na5 βai6 kouŋ3 ni6 tɛi6 hu5 tsieu1 ua5]

I speak only English.
我只会说英语。
[ŋuai3 na5 βai6 kouŋ3 iŋ1 ŋy3]

Do you understand?
你明白了吗?
[ny3 e5 mɑ5 βai6]

I understand.	**I don't understand.**
我明白。	我不明白。
[ŋuai3 a5 βai6]	[ŋuai3 mɛ5 βai6]

What does ... mean?
···是什么意思?
[... si4 sie6 no6 i4 løy4]

Could you please …?
麻烦你 …?
[k'i1 lɔyŋ5 ny3 …]

> **repeat that**
> 再说一下
> [tsai4 kouŋ3 so7 a5]

> **speak more slowly**
> 讲慢一点
> [kouŋ3 main5 ni6 tɛi6]

> **speak louder**
> 讲大声点
> [kouŋ3 tuai5 siaŋ1 ni6 tɛi6]

> **point out the word for me**
> 为我指出这词
> [k'øy6 ŋuai3 tsi3 la5 tsia3 sy2]

> **write that down**
> 写下来
> [sia3 kia5 li2]

> **wait while I look it up**
> 等下让我看下
> [tiŋ3 la5 nuoŋ5 ŋuai3 k'aŋ4 la5]

How do you say … in Fujianese?
…要怎么说福州话?
[… tuo7 tsuoŋ3 kouŋ3 hu5 tsieu1 ua5]

How do you spell … ?
…怎么拼?
[… tsuoŋ3 p'iŋ1]

TRAVEL & TRANSPORTATION

Arrival, Departure, and Clearing Customs

I'm here …
我在这…
[ŋuai3 ka7 tsia3 …]

> on vacation
> 度假
> [tu5 ka4]

> for business
> 做生意
> [tso4 sɛiŋ1 ŋɛi4]

> to visit relatives
> 拜访亲戚
> [k'aŋ4 ts'iŋ1 ʒɛi6]

> to study
> 读书
> [t'øy7 tsy1]

I'm just passing through.
我只是路过。
[ŋuai3 tsia6 kiŋ1 kuo4]

I'm going to …
我准备去…
[ŋuai3 lɛ3 ko]

I'm staying at …
我呆在…
[ŋuai3 ka7 …]

I'm staying for X …

我呆在这里…

[ŋuai3 ka7 tsia3 …]

days	weeks	months
天	周	月
[køyŋ1]	[lɛ3 βai4]	[ŋuo7]

I have nothing to declare.

我没有东西要申报。

[ŋuai3 mo2 no6 siŋ1 pɔ4]

I'd like to declare …

我想申报…

[ŋuai3 suoŋ3 siŋ1 pɔ4 …]

Do I have to declare this?

我一定要申报这个吗?

[ŋuai3 i2 tiaŋ5 tuo7 siŋ1 pɔ4 tsi3 ʒie6 ma]

That is mine.

这是我的。

[tsi3 ʒie6 si5 ŋuai3 lɛ]

That is not mine.

这不是我的。

[tsi3 ʒie6 ŋ5 nɛi4 ŋuai3 lɛ]

This is for personal use.

这是个人用的。

[tsuoi2 si5 ko4 iŋ2 sai3 lɛ]

This is a gift.

这是礼物。

[tsi3 ʒie6 si5 lɛ3 u7]

You Might See

登入
[tɛiŋ1 i7]
Check-in

移民
[ie2 miŋ2]
Immigration

海关
[hai3 uaŋ1]
Customs

护照管理
[hu4 ʒieu4 kuaŋ3 li3]
Passport control

安全检查
[aŋ1 tsuoŋ2 kieŋ3 tsia1]
Security Check

检疫
[kieŋ3 i7]
Quarantine

警察
[kiŋ3 ʒia6]
Police

外国人
[ŋuoi5 kuo6 nøyŋ2]
Foreigners

免税
[mieŋ3 suoi4]
Duty-Free

取行李
[ts'y3 hɛiŋ1 li3]
Baggage Claim

You Might Hear

你有东西要申报的吗？
[ny3 ou5 no6 siŋ1 pɔ4 mo2]
Do you have anything to declare?

这是你自己打包的？
[tsuoi2 si5 ny3 tsi5 ia1 ta3 pau1 lɛ3 nei5]
Did you pack this on your own?

麻烦打开这个包
[ma2 huaŋ2 k'uoi1 tsia3 ʒie6 pau1]
Please open this bag.

你一定要付这个的关税
[ny3 i2 tiŋ5 tuo7 hou4 tsi3 ʒie6 ki2 kuaŋ1 suoi4]
You must pay duty on this.

你要呆多久？
[ny3 puo6 k'ou6 nuo7 ouŋ2]
How long are you staying?

你要呆哪里？
[ny3 puo6 k'ou6 tie5 nœ3]
Where are you staying?

I'm with a group.
我是跟团的。
[ŋuai3 si5 kyŋ5 t'uaŋ2 lɛ]

I'm on my own.
我一个人。
[ŋuai3 so7 ʒie6 nøyŋ2]

Here is my …
这是我的…
[tsi3 ʒie6 si5 ŋuai3 lɛ]

boarding pass
登机牌
[tɛiŋ1 ki1 pɛ2]

ticket
票
[p'ieu4]

ID
证件
[tsiŋ4 yoŋ5]

passport
护照
[hu5 ʒieu4]

visa
签证
[ts'ieŋ1 tsɛiŋ4]

Buying Tickets

Where can I buy a … ticket?
我在哪里可以买到...票?
[tie5 nœ3 ŋuai3 e5 mɛ3 tuo7 … p'ieu4]

bus
巴士
[pa1 søy5]

plane
飞机
[hi1 ki1]

train
火车
[huoi3 ʒia1]

subway
地铁
[ti5 t'ie6]

one-way
单程
[taŋ1 niaŋ2]

round-trip
双程
[søyŋ1 niaŋ2]

first class
头等舱
[t'au2 tɛiŋ3 ts'ouŋ1]

economy class
经济舱
[kiŋ1 tsia4 ts'ouŋ1]

business class
商务舱
[suoŋ1 ou5 ts'ouŋ1]

A ticket to ... please.
一张去...的票。
[k'i3 lɔyŋ5 to2 so7 luoŋ1 ko ... lɛ3
p'ieu4]

One ticket, please. / Two tickets please.
麻烦拿一张票。 / 麻烦拿两张票。
[ma2 huaŋ2 to2 so7 luoŋ1 p'ieu4 /
ma2 huaŋ2 to2 laŋ5 luoŋ1 p'ieu4]

How much?
多少钱？
[nuai5 tseiŋ2]

Is there a discount for ...?
...有减价吗？
[... ou5 p'a6 tsie6 mo2]

children
小孩
[nie5 iaŋ3]

senior citizens
老人
[lau5 nøyŋ2]

students	tourists
学生	游客
[hou7 sɛiŋ1]	[ieu2 k'a6]

I have an e-ticket.

我有一张电子票。

[ŋuai3 ou5 so7 luoŋ1 tieŋ5 tsy3
p'ieu4]

Can I buy a ticket on the …?

我能在...上买一张票吗?

[ŋuai3 ɑ5 mɑ5 ka7 … kɛ2 tɛiŋ3 mɛ3
so7 luoŋ1 p'ieu4]

bus	train
巴士	火车
[pa1 søy5]	[huoi3 ʒia1]

boat
船
[suŋ2]

Do I need to stamp the ticket?

我需要印票吗?

[ŋuai3 sai3 nai3 ɛiŋ4 pieu4]

I'd like to … my reservation.

我想...我的预约。

[ŋuai3 suoŋ3 … ŋuai3 lɛ3 y5 yo6]

change	confirm
改变	确认
[kai3 pieŋ4]	[k'ou6 nɛiŋ5]

cancel
取消
[ts'y3 lieu1]

How long is this ticket valid for?

这张票的有效期是多久?

[tsia3 tsie1 βieu4 u5 hau5 ki1 si5
nuo7 ouŋ2]

I'd like to leave …

我想在...离开。

[ŋuai3 suoŋ3 ka7 … lie5 k'uoi1]

I'd like to arrive …

我想在...到达。

[ŋuai3 suoŋ3 ka7 … kau4]

today	tomorrow
今天	明天
[kiŋ1 naŋ4]	[miŋ2 naŋ4]

next week

下个礼拜

[a5 lɛ3 βai4]

in the morning	in the afternoon
早上	下午
[tsai3 lau2]	[a5 lau4]

in the evening	late at night
晚上	半夜
[maŋ2 muo1]	[puaŋ4 maŋ2]

Traveling by Plane

When is the next flight to …?
下趟去...的航班是什么时候的？
[a5 luŋ2 k'ɔ4 … i2 houŋ2 paŋ1 si5
mieŋ5 ŋau5 i2]

Is there a bus/train to the airport?
有去机场的巴士/火车吗？
[u5 mo2 k'ɔ4 ki1 luoŋ2 i2 pa1 søy5/
huoi3 ʒia1]

How much is a taxi to the airport?
搭的士去机场多少钱？
[ta6 ti6 søy5 ko ki1 tuoŋ2 nuai5
tsein2]

Airport, please.
麻烦去机场。
[ma2 huaŋ2 ko ki1 tuoŋ2]

My airline is …
我的飞机是...
[ŋuai3 lɛ3 hi1 ki1 si5 …]

My flight leaves at …
我的航班在...起飞。
[ŋuai3 lɛ3 houŋ2 paŋ1 ka7… ki3 puoi1]

My flight number is…
我的航班号码是。
[ŋuai3 lɛ3 houŋ2 paŋ1 ho5 ma3 si5]

What terminal/gate?
什么航站楼/登机口？
[tie5 βi7 houŋ2 tsiaŋ5 lɛu2/tɛi1
ki1 k'au3]

You Might See

售票窗
[me5 p'ieu4 ts'ouŋl]
Ticket window

预约
[y5 yo6]
Reservations

Where is the check-in desk?
哪里是登记手续办理处？
[tie5 nœ3 si5 tɛiŋl ŋɛi4 tai2]

My name is …
我的名字是...
[ŋuai3 lɛ3 miaŋ2 ʒɛi5 si5 …]

I'm going to …
我要去...
[ŋuai3 puo7 ko …]

Is there a connecting flight?
有转接班机吗？
[ou5 tuoŋ3 tsie6 paŋl kil mo2]

I'd like … flight.
我想要...班机。
[ŋuai3 suoŋ3 ti7 … i2 paŋl kil]

a direct
直飞
[ti7 puoil]

You Might See

登记
[tɛiŋ1 ŋɛi4]
Check-in

电子票登记
[tien5 tsy3
p'ieu4 tɛiŋ1
ŋɛi4]
E-ticket check-in

登机牌
[tɛiŋ1 ki1 pɛ2]
Boarding pass

登机
[tɛiŋ1 ki1]
Boarding

安全
[aŋ1 tsuoŋ2]
Security

连接
[lien2 tsie6]
Connections

国际
[kuo6 tsie4]
International

国内
[kuo6 nɔy5]
Domestic

出发
[ts'u6 hua6]
Departures

到达
[ti2 ta7]
Arrivals

领取行李
[liŋ3 ts'y3
hɛiŋ1 li3]
Baggage claim

a connecting

转机

[tuoŋ3 ki1]

an overnight

过夜

[ka6 maŋ2]

How long is the layover?

停留多久?

[tiŋ2 lieu2 nuo7 ouŋ2]

I have …

我有…

[ŋuai3 ou5 …]

> **one suitcase**
>
> 一个手提箱
>
> [so7 ʒie6 ts'ieu3 t'i2 suoŋ1]
>
> **two suitcases**
>
> 两个手提箱
>
> [laŋ5 ʒie6 ts'ieu3 t'i2 suoŋ1]
>
> **one carry-on item**
>
> 一件随身行李
>
> [so7 ʒie6 t'ie4 sing1 hɛiŋ2 li3]
>
> **two carry-on items**
>
> 两件随身行李
>
> [laŋ5 ʒie6 t'ie4 sing1 hɛiŋ2 li3]

Do I have to check this bag?

你要检查这个包吗?

[ny3 tuo7 kieŋ3 tsia1 tsi3 ʒie6 pau1 ma]

You Might Hear

下一个！
[a5 so7 ʒie6]
Next!

麻烦你的护照/登机牌。
[ma2 huaŋ2 ny3 lɛ3 hu5 ʒieu4/tɛiŋ1
kil pɛ2]
Your passport/boarding pass, please.

请将口袋内的物件全部掏出。
[tøy5 tɔy5 no6 ts'iaŋ2 ny3 tul to2
ts'ou6 li2]
Empty your pockets.

脱你的鞋。
[e2 t'ɔuŋ4 lai5]
Take off your shoes.

把全部金属物品放在盘子里。
[tsuoŋ1 su3 iu3 kiŋ1 sy7 u7 p'iŋ3
ɛiŋ1 tsi3 puaŋ2 puaŋ2 tie3 lie4 lɛ]
Place all metal items in the tray.

航班号码...
[houŋ2 paŋ1 ho5 ma3 ...]
Flight number ...

现在登机...
[hieŋ5 ʒai5 tɛiŋ1 kil ...]
Now boarding ...

登机门号...
[tɛiŋ1 kil muoŋ2 ho5 ...]
Gate number ...

How much luggage is allowed?
允许带几件行李？
[yŋ2 hy3 kuoi3 ʒie6 hɛiŋ2 li3]

I'd like ... seat.
我想要... 位。
[ŋuai3 suoŋ3 ti7 ... i2 uoi5]

a window
靠窗
[k'o4 k'aŋ3 muoŋ2 ŋiaŋ3]

an aisle
通道
[t'øyŋ1 to5]

an exit row
出口排
[ts'u6 k'au3 pɛ2]

Can you seat us together?
你能让我们坐一起吗？
[ny3 a5 sai3 nuoŋ5 ŋuai3 ko6 ŋøyŋ2
sɔy5 so7 tøy1 mɑ5]

Is the flight ...?
航班...吗?
[houŋ2 paŋ1 ... ma]

on time	**delayed**
准时	晚点
[tsuŋ3 si6]	[uaŋ3 tieŋ3]

cancelled
取消
[ts'y3 lieu1]

Where is the baggage claim?

哪里领取行李?

[tie5 nœ3 to2 hɛiŋ1 li3]

I've lost my luggage.

我的行李丢了。

[ŋuai3 lɛ3 hɛiŋ1 li3 pʻaŋ1 mo2 o]

My luggage has been stolen.

我的行李被偷了。

[ŋuai3 lɛ3 hɛiŋ1 li3 kʻøy6 nøyŋ1
tʻau1 o]

My suitcase is damaged.

我的手提箱坏了。

[ŋuai3 lɛ3 tsʻieu3 tʻi2 ŋai2 o]

Traveling by Train

Which line goes to … Station?

几号线去...站?

[tie5 ho5 siaŋ4 kʻo4 … tsiaŋ5]

Is it direct?

直达?

[ti7 ta7 ma]

Is it an express/local train?

是快车/慢车吗?

[si5 kʻuai4 ʒia1/maiŋ5 ʒia1 ma]

I'd like to take the bullet/high-speed train.

我想搭动车/高铁。

[ŋuai3 suoŋ3 ta6 tuŋ5 ʒia1/ko1
tʻie6]

Do I have to change trains?

我要换车吗?

[ŋuai3 tuo7 uaŋ5 huoi3 ʒia1 ma]

Can I have a schedule?

能给我张车程表吗?

[ŋuai3 α5 mα5 sai3 to2 t'uoŋ1 ʒia1
tiang2 pieu3]

When is the last train back?

末班火车什么时候回来?

[muoi3 βaŋ1 huoi3 ʒia1 mieŋ5 ŋau5
tuoŋ3 li2]

Which track?   **Where is track ...?**

哪个轨道?   轨道在哪?

[ti1 ʒie6 kuoi3] [kuoi3 ka7 tie5 nœ3]

Where is/are the ...?

哪里是...?

[tie5 nœ3 si5 ...]

dining car

餐车

[ts'uaŋ1 ts'ia1]

information desk

信息台

[siŋ4 sɛi6 tai2]

luggage lockers

行李锁柜

[hɛiŋ2 li3 so3 kuoi5]

reservations desk

预订柜台

[y5 yo6 kuoi5 lau2]

ticket machine
售票机
[mɑ5 pʼieu4 ki1]

ticket office
售票室
[mɑ5 pʼieu4 lɛi6]

waiting room
等候区
[tiŋ3 ŋau5 kʼy1]

This is my seat.
这是我的座位。
[tsi3 ʒie6 si5 ŋuai3 lɛ3 uoi5]

Here is my ticket.
这是我的票。
[tsi3 tʼuoŋ1 si5 ŋuai3 lɛ3 pʼieu4]

Can I change seats?
我能换位吗?
[ŋuai3 ɑ5 mɑ5 sai3 uaŋ5 uoi5]

What station is this?
这站是什么站?
[tsi3 si5 sie6 no6 tsiaŋ5]

What is the next station?
下站是哪里?
[a5 tsiaŋ5 si5 tie5 nœ3]

Does this train stop at …?
这火车在…有停吗?
[tsi3 ʒie6 huoi3 ʒia1 ou5 ka7 …
tiŋ2 mo2]

Traveling by Bus and Subway

Which bus do I take for …?
我要搭哪个巴士…?
[ŋuai3 tuo7 ta6 ti1 ʒie6 pa1 søy5]

Which subway do I take for …?
我要搭哪个地铁?
[ŋuai3 tuo7 ta6 ti1 ʒie6 ti5 t'ie6]

Which …?
哪…
[ti1 …]

gate	**line**
个门	号线
[ʒie6 muoŋ2]	[ho5 siaŋ4]
station	**stop**
个站	个停车站
[ʒie6 tsiaŋ5]	[ʒie6 ts'ia1 tsiaŋ5]

Where is the nearest bus stop?
最近的巴士停靠站在哪里?
[tɛi5 køyŋ5 i2 pa1 søy5 tsiaŋ5 tie5 nœ3]

Where is the nearest subway station?
最近的地铁站在哪里?
[tɛi5 køyŋ5 i2 ti5 t'ie6 ʒiaŋ5 ka7 tie5 nœ3]

Can I have a bus/subway map?
能给我张巴士/地铁地图吗?
[ŋuai3 e5 to2 so7 luoŋ1 pa1 søy5/ ti5 t'ie6 ti5 tu2 mɑ5]

You Might See

巴士停靠站
[pa1 søy5 tiŋ2 k'o4 ʒiaŋ5]
Bus Stop

地铁站
[ti5 t'ie6 ʒiaŋ5]
Subway Station

入口
[tie3 k'au3]
Entrance

出口
[ts'u6 k'au3]
Exit

How far is it?
多远?
[nuo7 uoŋ5]

How do I get to …?
我要怎么去…?
[ŋuai3 tuo7 tsuoŋ3 ko …]

Is this the bus/subway to …?
这是去…的巴士/地铁吗?
[tsuoi2 sɛi5 nɛi5 ko…lɛ3 pa1 søy5/
ti5 t'ie6]

When is the ... bus to ...?

去...的...巴士是什么时候?

[k'o4 ... ... i2 pa1 søy4 si5 mieŋ5 ŋau5 i2]

first	next
第一班	下一班
[tε5 εi6 bang1]	[a5 so7 bang1]

last

最后一班

[tsɔy4 au5 so7 bang1]

Do I have to change buses/trains?

我要换巴士/火车吗?

[ŋuai3 sai3 nai3 uaŋ5 pa1 søy5/ huoi3 ʒia1]

Where do I transfer?

我要在哪里转车?

[ŋuai3 tuo7 tie5 nœ3 tuoŋ3 ʒia1]

Can you tell me when to get off?

你能否告诉我什么时候下车?

[ny3 e5 mɑ5 sai3 kɔyŋ5 ŋuai3 kouŋ3 la5 mieŋ5 ŋau5 lo7 ʒia1]

How many stops to ...?

去...要停几站?

[k'ɔ4...tuo7 tiŋ2 kuoi3 ʒiaŋ2]

Where are we?

我们在哪?

[ŋuai3 ko6 ŋøyŋ2 ka7 tie5 nœ3]

Next stop, please!

麻烦下一站停下!

[ma2 huaŋ2 a5 ʒiaŋ2 tiŋ2 la5]

Stop here, please!
麻烦就这里停一下!
[ma2 huaŋ2 tiŋ2 la5]

Traveling by Taxi

Taxi!
的士!
[ti6 søy5]

Where can I get a taxi?
我在哪里可以搭的士?
[ŋuai3 ka7 tie5 nœ3 k'ɔ3 i3 ta6 ti6 søy5]

Can you call a taxi?
你能叫辆的士吗?
[ny3 ɑ5 mɑ5 sai3 ko4 so7 ka4 ti6 søy5]

I'd like a taxi now.
我想现在叫一辆的士
[ŋuai3 suoŋ3 hieŋ5 ʒai5 kɔ4 so7 ka4 ti6 søy5]

I'd like a taxi in an hour.
我想一小时后叫一辆的士
[ŋuai3 suoŋ3 so7 tɛiŋ3 ʒyŋ1 hau5 kɔ4 so7 ka4 ti6 søy5]

Pick me up at ...
在...接我
[ka7 ... tsie6 ŋuai3]

Take me to ...
载我去...
[ha5 ŋuai3 ko4 ...]

this address
这个地址
[tsi3 ʒie6 ti5 tsi3]

the airport
机场
[ki1 tuoŋ2]

the train station
火车站
[huoi3 ʒia1 tsiaŋ5]

the bus station
巴士站
[pa1 søy5 tsiaŋ5]

Can you take a different route?
你能开不一样的路吗?
[ny3 a5 ma5 k'uoi1 mɛ5 so7 sɛi6 lɛ3
luo5]

Can you drive faster/slower?
你能开快点/慢点?
[ny3 a5 ma5 sai3 k'uoi1 k'a4 ni6
tɛi6 / maiŋ5 ni6 tɛi6]

Stop here.
这里停。
[tsi3 tiŋ2]

Wait here.
这里等。
[tsi3 tiŋ3]

How much will it cost?
多少钱?
[nuai5 tseiŋ2]

You said it would cost …
你说这要花…
[ny3 kouŋ3 tsi3 tuo7 sai3]

Keep the change.
不用找钱了。
[ŋ5 sai3 tsau3 lau3]

Traveling by Car

Renting a Car

Where is the car rental?
哪里可以租车?
[tie5 nœ3 ou5 løy4 tsu1 ts'ia1]

I'd like …
我想要…
[ŋuai3 suoŋ3 ti7 …]

a cheap car
便宜车
[pieŋ2 ŋie2 ʒia1]

a compact car
小车
[sieu3 ʒia1]

a van
面包车
[mieŋ5 pau1 ʒia1]

an SUV
多用车
[to1 yŋ5 ʒia1]

an automatic transmission
自动档
[tsy5 luŋ5 nouŋ3]

a manual transmission
手动档
[ts'ieu3 luŋ5 nouŋ3]

a scooter
小型摩托车
[sieu3 hi2 k'iŋ1 k'ie2]

a motorcycle
摩托车
[k'iŋ1 k'ie2]

air conditioning
空调
[k'uŋ1 tieu2]

a child seat
儿童座位
[nie2 iaŋ3 uoi5]

How much does it cost …?
…多少钱?
[… nuai5 tseiŋ2]

per day
每天
[muoi3 køyŋ1]

per week
每周
[muoi3 lɛ3 βai4]

per kilometer
每公里
[muoi3 kuŋ1 li3]

for unlimited mileage
无限里程
[mo2 aiŋ4 li3 liaŋ2]

with full insurance
全保险
[tsuoŋ2 po3 ieŋ3]

What kind of fuel does it use?
要用什么汽油?
[tuo5 sai3 sie6 no6 k'i4 ieu3]

Are there any discounts?
有打折吗?
[ou5 p'a6 tsie6 mo2]

I (don't) have an international driver's license.
我（没）有国际驾照。
[ŋuai3 ou5 (mo2) kuo6 tsie4 ka4 sai3
tsɛiŋ4]

I don't need it until …
我到…才要。
[ŋuai3 kau4 … tsia4 ti7]

Monday	Friday
星期一	星期五
[pai4 ɛi6]	[pai4 ŋou5]

Tuesday	Saturday
星期二	星期六
[pai4 nɛi5]	[pai4 løy7]

Wednesday	Sunday
星期三	周日
[pai4 saŋ1]	[lɛ3 βai4]

Thursday
星期四
[pai4 sɛi4]

Fuel and Repairs

Where's the gas station?
加油站在哪?
[ka1 ieu2 tsiaŋ5 ka7 tie5 nœ3]

Fill it up.
加满。
[ka1 tieŋ5]

You Might Hear

我需要押金
[ŋuai3 syl ieu4 a6 kiŋ1]
I'll need a deposit.

这里签名字首字母
[tsi3 ts'ieŋ1 miaŋ2 ʒɛi5
t'au2 tsi5 mo3]
Inital here.

这里签下
[tsi3 ts'ieŋ1 so7 a5]
Sign here.

I need …
我需要...
[ŋuai3 puo6 ti7 …]

gas
汽油
[k'i4 ieu3]

diesel
柴油
[ts'a2 ieu3]

leaded
加铅
[ka1 yoŋ2]

unleaded
无铅
[mo2 yoŋ2]

regular
普通
[p'u3 t'uŋ1]

super
特级
[tɛi7 ŋɛi6]

premium
高级
[ko1 ŋɛi6]

You Might See

自助服务
[tsy5 tsou5 hu7 ou5]
self-service

全方位服务
[tsuoŋ2 mieŋ5 hu7 ou5]
full-service

Check the ...
检查...
[kieŋ3 tsia1 ...]

battery	**radiator**
电池	散热器
[tieŋ5 t'u2]	[saŋ3 ie7 ki1]
brakes	**taillights**
刹车	后灯
[sa6 ts'ia1]	[au5 lɛiŋ1]
headlights	**tires**
头灯	轮胎
[t'au2 lɛiŋ1]	[luŋ2 t'ai1]
oil	**transmission**
油	档
[ieu2]	[touŋ3]

The car broke down.

车坏了。

[ts'ia1 ŋai2 o]

The car won't start.

车无法发动。

[ts'ia1 mɛ5 hua6 touŋ5]

I ran out of gas.

我把油用光了。

[ieu2 k'øy6 ŋuai3 sai3 t'a6 ko]

I have a flat tire.

我的车爆胎了。

[ŋuai3 ts'ia1 lai1 pɔu6 ko]

I need a ...

我需要一个...

[ŋuai3 puo6 ti7 so7 ʒie6 ...]

> **jumper cable**
>
> 连接线
>
> [lieŋ2 tsie6 siaŋ4]

> **mechanic**
>
> 技工
>
> [ki5 øyŋ1]

> **tow truck**
>
> 拖车
>
> [t'ua1 ʒia1]

Can you fix the car?

你能修好这车吗?

[tsia3 ts'ia1 ny3 ɑ5 mɑ5 sieu1 ho3]

When will it be ready?
什么时候准备好?
[mieŋ5 ŋau5 tsuŋ2 pɛi5 ho3]

Driving Around

Can I park here?
我能停这吗?
[ŋuai3 e5 tiŋ2 tsi3 ma5]

Where's the parking lot/garage?
哪里是停车场/库?
[tie5 nœ3 si5 tiŋ2 ʒia1 tuoŋ2/
ts'ia1 k'ou4]

How much does it cost?
多少钱?
[nuai5 tseiŋ2]

Is parking free?
免费停车吗?
[si5 nɛi5 mieŋ3 hie4 po7 ʒia1]

What's the speed limit?
限速多少?
[ɛiŋ5 sou6 si5 nuo7 uai5]

How much is the toll?
通行费多少钱?
[t'uŋ1 hɛiŋ1 hie4 tuo7 nuo7 uai5]

Can I turn here?
我可以在这里转弯吗?
[ŋuai3 k'o3 i3 ka7 tsi3 tuoŋ3 uaŋ1
ma5]

You Might See

Stop	Yield
停	让路
[tiŋ2]	[nuoŋ5 tuo5]
One way	Speed limit
单行道	限速
[taŋ1 hɛiŋ1 to5]	[ɛiŋ5 sou6]
Do not enter	
请勿进入	
[nøyŋ1 kiaŋ2 tie3]	

Problems while driving

There's been an accident.

出事故了。

[ts'u6 sy5 kou4 o]

Call the police/an ambulance.

叫警察/救护车。

[ko4 kiŋ3 ʒia6 / ki6 kieu4 ʒia1]

My car has been stolen.

我的车被偷了。

[ŋuai3 lɛ3 ts'ia1 k'øy4 nøyŋ1 t'au1 o]

My license plate number is …

我的牌照号码是…

[ŋuai3 lɛ3 pɛ2 tsieu4 ho5 ma3 si5 …]

Can I have your insurance information?

你能告诉我你的保险信息吗?

[ny3 ɑ5 mɑ5 sai3 kɔyŋ5 ŋuai3 kouŋ3 la5 ny3 i2 po3 ieŋ3 siŋ4 nɛi6]

Asking Directions

Excuse me, please!
麻烦借过!
[k'i3 lɔyŋ5 nuoŋ5 la5]

Can you help me?
你能帮我吗?
[ny3 ou5 mo2 pɛiŋ5 hua6 pouŋ1 ŋuai3]

Is this the way to …?
这是去...的路吗?
[tsuoi2 si5 nɛi5 k'ɔ4 … i2 tuo5]

How far is it to …?
去...多远?
[k'o4...nuo7 uoŋ5]

Is this the right road to …?
这条路的确是去...的吧?
[tsia3 tuo5 tsiaŋ4 nɛi5 si5 k'o4 …]

How much longer until we get to …?
到...还要多久?
[kou4 tuo7 tiŋ3 nuo7 ouŋ2 kau4...]

Where's …?
哪里是...?
[tie5 nœ3 si5 …]

… Street　　　**this address**
...街　　　这个地址
[... kɛ1]　　[tsi3 ʒie6 ti5 tsi3]

the highway
公路
[kuŋ1 luo5]

the downtown area

市中心

[tsʼɛi5 tyŋ1 niŋ1]

Where am I?

我在哪?

[ŋuai3 ka7 tie5 nœ3]

Can you show me on the map?

你能在地图上帮我指下吗?

[ny3 ɑ5 mɑ5 sai3 ka7 ti5 tu2 kɛ2 tɛiŋ3 kʼøy6 ŋuai3 pi3 la5]

Do you have a road map?

你有地图吗?

[ny3 ou5 ti5 tu2 mo2]

How do I get to …?

我要去...该如何走

[ŋuai3 puo6 kʼo4 … tuo7 tsuoŋ3 kiaŋ2]

How long does it take …?

...要多久?

[… tuo7 nuo7 ouŋ2]

on foot

走路

[kiaŋ2 luo5]

by car

开车

[kʼuoi1 tsʼia1]

using public transportation

公共交通

[kuŋ1 køyŋ5 kau1 tʼuŋ1]

I'm lost.

我走丢了。

[ŋuai3 kiaŋ2 pʼa6 touŋ5 tuo5 o]

You Might Hear

Go straight ahead.
直走
[ti7 kiaŋ2]

Turn right.
右转
[ieu5 tuoŋ1 uaŋ1]

Turn left.
左转
[tso3 tuoŋ3 uaŋ1]

across the street
街对面
[kɛ1 tøy4 mieŋ5] ti5

around the corner
转角处
[tuoŋ3 ŋuaŋ1 uoŋ1]

forward
向前
[hyoŋ4 sɛiŋ2]

backward
向后
[hyoŋ4 au5]

in front (of)
在...前面
[ka7 ... sɛiŋ2 nau3]

behind
后面
[a5 lau3]

at the next intersection
在下个十字路口
[ka7 a5 pi7 sɛi7 tsɛi5 tuo5 k'au3]

at the next traffic light
在下个信号灯
[ka7 a5 ʒie6 siŋ2 ho5 tɛiŋ1]

next to
在旁边
[ka7 pouŋ2 mieŋ1]

before
之前
[tsi1 sɛiŋ2]

after
之后
[tsi1 au4]

near
近
[køyŋ5]

far
远
[huoŋ5]

north
北
[pɔy6]

south
南
[naŋ2]

east
东
[tøyŋ1]

west
西
[se1]

Take …
去…
[ko…]

the bridge
桥
[kyo2]

the highway
公路
[kuŋ1 nuo5]

the exit
出口
[ts'u6 k'au3]

the tunnel
隧道
[suoi5 to5]

… Street/Avenue
…街/大道
[…kɛ1/ tuai5 to5]

the traffic circle
环路
[k'uaŋ2 nuo5]

ACCOMMODATIONS

Can you recommend …?
你能推荐...吗?
[ny3 ou5 mo2 t'øy1 tsien4 …]

> **a hotel**
> 一家酒店
> [so7 kaŋ1 tsieu3 lain4]

> **an inn**
> 一家旅社
> [so7 kaŋ1 ly3 lia5]

> **a bed-and-breakfast**
> 一家有早餐的旅馆
> [so7 kaŋ1 ou5 tsa3 ts'uaŋ1 lɛ3
> ly3 lain4]

> **a motel**
> 一家汽车旅馆
> [so7 kaŋ1 k'i4 ʒia1 ly3 lain4]

> **a guesthouse**
> 一家家庭旅馆
> [so7 kaŋ1 ka1 tiŋ2 ly3 lain4]

> **a (youth) hostel**
> 一家青年旅社
> [so7 kaŋ1(ts'iŋ1 nien2) ly3 lia5]

Where is the nearest …?
哪里是最近的...?
[tie5 nœ3 ou4 tɛi6 k'øyŋ5 lɛ3 …]

Is there English-speaking staff?
有会说英语的员工吗?
[ou5 mo2 uoŋ2 køyŋ1 ɑ5 kouŋ3 iŋ1 ŋy3 lɛ3]

I'm looking for ... accommodations.
我想找...住处。
[ŋuai3 suoŋ3 t'o3 ... tsy5 t'ɛi7]

inexpensive
[pieŋ2 ŋie2 lɛ3]
便宜的

luxurious
[ko1 touŋ3 ki2]
豪华

traditional
[tuoŋ3 t'uŋ3 lɛ3]
传统的

clean
[t'a6 ai6 lɛ3]
干净的

convenienly located
[uoi5 ʒøy4 pieŋ5 nɛi5 lɛ3]
位置便利

Booking a Hotel Room and Checking In

vacancy	no vacancy
空位	没空位
[k'øyŋ4 uoi5]	[mo2 k'øyŋ4 uoi5]

Do you have any rooms available?
你有空房吗?
[ny3 ou5 mo2 k'øyŋ4 puŋ2]

I'd like a room for tonight.
我今晚想要一个房间。
[ŋuai3 kiŋ1 muo1 suoŋ3 ti7 so7 kaŋ1
puŋ2 aŋ1]

Can I make a reservation?
我能预约吗?
[ŋuai3 ɑ5 mɑ5 sai3 y5 yo6]

I'd like to reserve a room …
我想预定一个房间…
[ŋuai3 puo6 tiaŋ5 so7 kaŋ1 puŋ2 aŋ1 …]

> **for XX nights**
> XX晚
> [XX puo1]

> **for one person**
> 一个人
> [so7 ʒie6 nøyŋ2]

> **for two people**
> 两个人
> [laŋ5 ʒie6 nøyŋ2]

> **with a queen-size bed**
> 大号床
> [tuai5 ts'ouŋ2]

> **with two beds**
> 两张床
> [laŋ5 ka4 ts'ouŋ2]

How much is it?
多少钱?
[nuai5 tseiŋ2]

How much is it per night/person?
多少钱一个晚上?
[nuai5 tsein2 so7 p'uo1]

Is breakfast included?
包括早餐吗?
[ou5 pau1 k'ua6 tsa3 mo2]

Can I pay by credit card?
我能用信用卡付吗?
[nuai3 a5 ma5 hɛi7 sin4 yn5 k'a3
tsie1 hou4]

My credit card number is …
我的信用卡号码是...
[nuai3 lɛ3 sin4 yn5 k'a3 ho5 ma3
si5 …]

Do you have …?
有没有...?
[ou5 mo2 …]

> **private bathrooms**
> 单独的厕所
> [tan1 tu7 lɛ3 ts'ɛi6 su3]
>
> **cots**
> 轻便小床
> [k'in1 pien5 ts'oun2 ian3]
>
> **a crib**
> 婴儿床
> [nie2 ian3 ts'oun2]
>
> **linens**
> 台布
> [to6 βuo4]

towels
毛巾
[ts'ieu3 yŋ1]

a restaurant
餐馆
[kuaŋ2 niaŋ4]

a kitchen
厨房
[tuo2 βuŋ2]

a microwave
微波炉
[mi2 βo1 lu2]

room service
客房服务
[k'a6 βuŋ2 hu7 ou5]

non-smoking rooms
无烟房
[mo2 houŋ1 puŋ2 aŋ1]

an elevator
电梯
[tieŋ5 nai1]

laundry service
洗衣服务
[sɛ3 i1 hu5 ou5]

a safe
保险箱
[po3 ieŋ3 nuoŋ1]

phones
电话
[tieŋ5 ua5]

hot water
热水
[ie7 t'ouŋ1]

air conditioning
空调
[k'uŋ1 tieu2]

wireless Internet
无线网
[u1 liaŋ4 uoŋ3]

a business center
商业中心
[suoŋ1 ŋie7 tyŋ1 niŋ1]

television
电视
[tieŋ5 sɛi5]

a gym
体育馆
[t'ɛ3 y7 kuaŋ3]

a pool
游泳池
[ieu2 iŋ5 nie2]

Is there a curfew?
有宵禁吗?
[ou5 sieu1 kɛiŋ4 mo2]

When is check-in?
什么时候登记?
[mieŋ5 ŋau5 tɛiŋ1 ŋɛi4]

May I see the room?
我能看下房间吗?
[ŋuai3 ɑ5 mɑ5 k'aŋ4 a5 puŋ2 aŋ1]

How can somebody call my room?
怎么打我房间的电话?
[tsuoŋ3 p'a6 ŋuai3 puŋ2 aŋ1 lɛ3
tieŋ5 ua5]

Do you have anything …?
你有没其它...的
[ny2 ou5 mo2 ki2 t'a3 … lɛ]

> **bigger**
> 更大
> [kɛiŋ4 tuai5]

> **cleaner**
> 更干净
> [kɛiŋ4 t'a6 ai6]

> **quieter**
> [kɛiŋ4 aŋ1 tsɛiŋ5]
> 更安静

> **less expensive**
> [kɛiŋ4 pieŋ2 ŋie2]
> 更便宜

Does that include sales tax (VAT)?
这个包括税了吗?
[tsia3 ʒie6 ou5 mo2 pau1 suoi4]

I'll take it.
我要了。
[ŋuai3 ou5 ti7]

I don't have a reservation.
我没有预约。
[ŋuai3 mo2 y5 yo6]

I have a reservation under …
我有一个预约是...
[ŋuai3 ou5 so7 ʒie6 y5 yo6 si5 …]

Is the room ready?
房间准备好没?
[puŋ2 aŋ1 tsuŋ2 pɛi5 ho3 muoi5]

When will the room be ready?
房间什么时候准备好?
[puŋ2 aŋ1 mieŋ5 ŋau5 tsuŋ2 pɛi5 ho3]

room number	**floor**
房间号码	层
[puŋ2 aŋ1 ho5 ma3]	[tsɛiŋ2]

room key
房间钥匙
[puŋ2 aŋ1 so3 lie2]

At the Hotel

Where is the ...?
...在哪里?
[tie5 nœ3 si5 ...]

bar	**dining room**
酒吧	饭厅
[tsieu3 pa1]	[puoŋ5 niaŋ1]
bathroom	**drugstore**
厕所	药店
[ts'ɛi6 su3]	[yo7 laiŋ4]
convenience store	**elevator**
便利店	电梯
[pieŋ5 lɛi5 taiŋ4]	[tieŋ5 nai1]

information desk
信息台
[siŋ4 sɛi6 tai2]

restaurant
餐馆
[ts'uaŋ1 uaŋ3]

lobby
大厅
[tuai5 liaŋ1]

shower
淋浴
[sɛ3 liŋ1]

pool
游泳池
[ieu2 iŋ5 nie2]

Can I have …?
我能要...吗?
[ŋuai3 puo6 ti7 …]

a blanket
一张毛毯
[so7 ts'ouŋ2 t'aŋ3]

another room key
另外的房间钥匙
[liŋ5 ŋuoi5 lɛ3 puŋ2 aŋ1 so3 lie2]

a pillow
一个枕头
[so7 ʒie6 tsieŋ3 nau2]

a plug for the bath
一个浴缸塞子
[so7 ʒie6 y7 kouŋ1 sɛi6 sɛi6]

clean sheets
干净的床单
[t'a6 ai6 lɛ3 ts'ouŋ2 naŋ1]

towels
毛巾
[ts'ieu3 yŋ1]

soap
肥皂
[i2 ʒo5]

toilet paper
纸巾
[tsai3 yŋ1]

a wake-up call at …
…的叫醒服务
[… lɛ3 ko4 ts'iŋ1 hu7 u5]

I would like to place these items in the safe.
我想把这些物品放在保险箱里。
[ŋuai3 suoŋ3 tsuoŋ1 tsi2 lie2 no6
ɛiŋ1 po3 ieŋ3 suoŋ1 lɛ]

I would like to retrieve my items from the safe.
我想取回保险箱里的物品。
[ŋuai3 suoŋ3 tsuoŋ1 po3 ieŋ3 suoŋ1
lɛ3 no6 to2 luoŋ3 li2]

Can I stay an extra night?
我能多呆一个晚上吗?
[ŋuai3 ɑ5 mɑ5 sai3 kai4 k'ou6 so7
puo1]

Problems at a Hotel

There's a problem with the room.
房间有问题。
[puŋ2 aŋ1 ou5 uŋ5 nɛ2]

The … doesn't work.
…坏了。
[… ŋai2 o]

air conditioning	door lock
空调	门锁
[k'uŋ1 tieu2]	[muoŋ2 lo3]

hot water	sink
热水	水槽
[ie7 t'oun1]	[tsuoi3 lie2]

shower	toilet
淋浴	厕所
[sɛ3 lin1]	[ts'ɛi6 su3]

The lights won't turn on.
灯打不开。
[tɛin k'uoi1 mɛ3 k'i3]

The ... aren't clean.
...不干净。
[... mɛ5 t'a6 ai6]

pillows	sheets
枕头	床单
[tsien3 nau2]	[ts'oun2 nan1]

towels
毛巾
[ts'ieu3 yn1]

The room has bugs/mice.
房间有虫/老鼠。
[pun2 an1 ou5 t'øyn2 / lo3 ʒy3]

The room is too noisy.
房间太吵了。
[pun2 an1 k'a6 ts'au3]

I've lost my key.
我的钥匙丢了。
[ŋuai3 lɛ3 so3 lie2 p'an1 mo2]

I've locked myself out.
我把自己锁在外面了。
[ŋuai3 tsuoŋ1 tsi5 ia1 so3 ŋie5
lau3]

Checking Out of a Hotel

When is check-out?
什么时候退房？
[mieŋ5 ŋau5 t'øy4 puŋ2]

When is the latest I can check out?
我最快可以什么时候退房？
[ŋuai3 tɛi6 maiŋ5 mieŋ5 ŋau5 ɑ5
sai3 t'øy4 puŋ2]

I would like to check out.
我想退房。
[ŋuai3 suoŋ3 t'øy4 puŋ2]

I would like a receipt/an itemized bill.
我想要一个收据。
[ŋuai3 puo6 ti7 sieu1 køy4]

There's a mistake on this bill.
这个账单有错。
[tsia3 taŋ1 ou5 taŋ5]

Please take this off the bill.
麻烦把这个从账单上除掉。
[ma2 huaŋ2 tsuoŋ1 tsuoi2 tɛiŋ4
taŋ1 lɛ3 ty2 lai5]

The total is incorrect.
总数有错。
[tsuŋ3 nou4 ou5 taŋ5]

I would like to pay …
我想…付。
[ŋuai3 suoŋ3 … hou4]

> **by credit card**
> 用信用卡
> [yŋ5 siŋ4 yŋ5 k'a3]

> **by (traveler's) check**
> 用（旅行）支票
> [yŋ5（ly3 ɛiŋ1）tsie1 p'ieu4]

> **in cash**
> 用现金
> [yŋ5 hieŋ5 kiŋ1]

Can I leave my bags here until …?
…之前我能把包放在这里吗?
[… tsieŋ ŋuai3 α5 mα5 sai3 tsuoŋ1 pau1 ɛiŋ1 tsi3]

Renting

I'd like to rent …
我想租…
[ŋuai3 suoŋ3 tsu1…]

> **an apartment**
> 一间单元房
> [so7 kaŋ1 taŋ1 ŋuoŋ2 ʒuo4]

> **a room**
> 房间
> [puŋ2 aŋ1]

> **a house**
> 房子
> [ts'uo4]

How much is it per week?
每周多少钱?
[muoi3 lε3 βai4 nuai5 tsein2]

I intend to stay for XX months.
我打算呆 **XX** 个月。
[ŋuai3 pa6 sauŋ4 k'ou6 XX kau4 ni7]

Is it furnished?
有家具吗?
[ou5 ka1 køy5 mo2]

Does it have …?
有...吗?
[ou5 ... mo2]

a kitchen 厨房 [tuo2 βuŋ2]	**a room** 房间 [puŋ2 aŋ1]
dishes 餐具 [ts'uaŋ1 køy5]	**a dryer** 烘干机 [høyŋ1 kaŋ1 ki1]
cooking utensils 厨具 [tuo2 køy5]	**linens** 台布 [to6 puo4]
a washing machine 洗衣机 [sε3 i1 ki1]	**towels** 毛巾 [ts'ieu3 yŋ1]

Do you require a deposit?
需要押金吗?
[ny3 ou5 ti7 a6 kiŋ1 mo2]

When is the rent due?

房租什么时候交?

[ts'uo4 tsu1 mien5 ŋau5 kieu3]

Who is the superintendent?

谁是管理员?

[tie5 nøyŋ2 si5 kuaŋ3 li3 uoŋ2]

Who should I contact for repairs?

我要联系谁来修理?

[ŋuai3 tuo7 lieŋ2 hie4 tie5 nøyŋ2
li3 sieu1 li3]

Camping and the Outdoors

campsite

营地

[iŋ2 nɛi5]

Can I camp here?

我能在这露营么?

[ŋuai3 ɑ5 mɑ5 sai3 ka7 tsi3 lu5 iŋ2]

Where should I park?

我应该将车停在哪里?

[ŋuai3 ki2 ts'ia1 tuo7 tiŋ2 tie5
nœ3]

How much is it per ...?

每...多少钱?

[muoi3 ... nuai5 tsieŋ2]

lot	person	night
块	人	晚
[k'uai4]	[nøyŋ2]	[puo1]

Do you have ... for rent?
你有...租吗?
[ny3 ou5... tsu1 mo2]

tents	sleeping bags
帐篷	睡袋
[tuoŋ4 muŋ2]	[suoi4 tɔy5]

cooking equipment
厨具
[tuo2 køy5]

Do you have ...?
你有...吗?
[ny3 ou5 ... mo2]

a shower block	electricity
洗澡房	电
[sɛ3 liŋ1 puŋ2]	[tieŋ5]

laundry facilities
洗衣设备
[sɛ3 i1 sie6 pɛi5]

Are there ... that I should be careful of?
有我应该小心的...吗?
[ou5 mo2 sie6 no6 ... ŋuai3 tuo7 sieu3 niŋ1 ki2 mo2]

animals	plants
动物	植物
[tɔuŋ1 u7]	[ts'au3 mu7]

insects
昆虫
[t'øyŋ2 ŋie5]

DINING OUT

Meals

breakfast
早餐
[tsa3]

dinner
晚餐
[maŋ2]

lunch
午餐
[tau4]

a snack
点心
[tieŋ3 niŋ1]

brunch
早午餐
[tsa3 tau4]

dessert
甜点
[tieŋ1 tieŋ3]

Finding a Place to Eat

Can you recommend …?
你能推荐…吗?
[ny3 ou5 mo2 … t'øy1 tsieŋ4 køy6
ŋuai3]

a good restaurant
一家好餐馆
[so7 kaŋ1 ho3 lɛ3 ts'uaŋ1 uaŋ3]

a restaurant with local dishes
一家本地菜餐馆
[so7 kaŋ1 touŋ4 tɛi5 ts'ai4 lɛ3
ts'uaŋ1 uaŋ3]

an inexpensive restaurant
一家不贵的餐馆
[so7 kaŋ1 pieŋ2 ŋie2 lɛ3 ts'uaŋ1
uaŋ3]

a popular bar
一个知名酒吧
[so7 kaŋ u5 mian2 i2 tsieu3 pa1]

I'm hungry/thirsty.
我很饿/渴。
[ŋuai3 ia3 k'øyŋ1/ ts'uoi4 ta1]

Types of Restaurants

café
咖啡馆
[ka1 βi1 kuaŋ3]

steakhouse
牛排馆
[ŋu2 pɛ2 laiŋ4]

restaurant
餐馆
[ts'uaŋ1 uaŋ3]

buffet
自助餐
[tsy5 tsou5
ts'uaŋ1]

fast food
快餐
[k'uai4
ts'uaŋ1]

bar
酒吧
[tsieu3 pa1]

snack bar
小吃店
[sieu3 lie7
taiŋ4]

vegetarian restaurant
素菜餐馆
[su4 ts'ai4
kuaŋ3 niaŋ4]

teahouse
茶馆
[ta2 laiŋ4]

pizzeria
披萨店
[pi3 sa6 taiŋ4]

bistro
小酒馆
[nouŋ5 ŋaŋ1
tsieu3 uaŋ3]

Reservations and Getting a Table

I have a reservation for …
我有一个…的预约
[ŋuai3 ou5 so7 ʒie6 … i2 y5 yo6]

The reservation is under …
这是预约是…
[tsia2 y5 yo6 sɛi5 …]

I'd like to reserve a table for …
我想预约一桌…
[ŋuai3 suoŋ3 y5 yo6 so7 to6 …]

Can we sit …?
我们可以坐…吗?
[ŋuai3 ko6 ŋøyŋ2 k'o3 i3 sɔy5 … ma]

over here
这里
[tsi3]

over there
那里
[hy3]

by a window
靠窗
[k'o4 k'aŋ3 muoŋ2 ŋiaŋ3]

outside
外面
[ŋie5 lau3]

in a non-smoking area
无烟区
[mo2 houŋ1 k'y1]

How long is the wait?
要等多久?
[tuo7 tiŋ3 nuo7 ouŋ2]

It's for here.
这里吃。
[tsi3 sie7]

It's to go.
这打包。
[ta3 pau1]

Ordering at a Restaurant

Waiter!　　　**Waitress!**
服务员！　　　服务员！
[hu7 u5 uoŋ2]　[hu7 u5 uoŋ2]

Excuse me!
不好意思！
[mɛ5 ho3 i4 løy4]

I'd like to order.
我想点餐。
[ŋuai3 suoŋ3 tɛiŋ3 ts'ai4]

Can I have ... please?
请给我...可以吗？
[k'i3 lɔyŋ5 køy6 ŋuai3 ... e5 sai3 mɑ5]

a menu　　　**a wine list**
菜单　　　　　酒单
[ts'ai4 laŋ1]　[tsieu3 laŋ1]

a drink menu　**a children's menu**
饮料单　　　　儿童菜单
[iŋ3 lau5 taŋ1]　[nie2 iaŋ3
　　　　　　　　ts'ai4 laŋ1]

Do you have a menu in English?
你有英语的菜单吗？
[ny3 ou5 iŋ1 ŋy3 lɛ3 ts'ai4 laŋ1 mo2]

Do you have a set/fixed price menu?
你有没固定价格的菜单？
[ny3 ou5 mo2 ku2 liŋ5 ka4 ʒieŋ2 lɛ3
ts'ai4 laŋ1]

What are the specials?
特色菜是什么?
[tɛi7 nai6 ts'ai4 si5 sie6 no6]

Do you have …?
你有…吗?
[ny3 ou5 … mo2]

Can you recommend some local dishes?
你能推荐一些当地菜吗?
[ny3 ou5 mo2 sie6 no6 touŋ1 tɛi5
ts'ai4 tøy1 tsieŋ4]

What do you recommend?
你有没有好的推荐?
[ny3 ou5 mo2 sie6 no6 t'øy1 kieŋ4 lɛ3]

I'll have …
我想要…
[ŋuai3 puo6 ti7 …]

Can I have …?
请给我…可以吗?
[k'i3 lɔyŋ5 køy6 ŋuai3 … e5 sai3 mɑ5]

a glass of …   **a bottle of …**
一杯…   一瓶…
[so7 puoi1 …]   [so7 piŋ2 …]

a pitcher of …
一水罐…
[so7 tsuoi3 kuaŋ4 …]

Are there any drink specials?
有特别的饮料吗?
[ou5 tɛi7 pie6 lɛ3 iŋ3 lau5 mo2]

You Might Hear

请慢用！
[ts'iaŋ3 maiŋ5 maiŋ5 sie7]
Enjoy your meal!

A light/dark beer, please.
麻烦低度酒/高度酒。
[ma2 huaŋ2 tɛ1 lou5 ʒieu3/ ko1
lou5 ʒieu3]

What's this?
这是什么？
[tsuoi2 si5 sie6 miaŋ2]

What's in this?
里面是什么？
[tie3 lie4 si5 sie6 miaŋ2]

Is it …?
这...吗？
[tsuoi2 ɑ5 … ma]

spicy	bitter	sweet
辣	苦	甜
[la7]	[tɛu1]	[tieŋ1]

hot	cold
烫	冷
[kouŋ2]	[tɔyŋ4]

I'd like it with/without …
我想要加/不加...
[ŋuai3 suoŋ3 ka1/mo2 ka1 …]

Special Dietary Needs

Do you have any vegetarian dishes?
你有素食餐吗?
[ny3 ou5 su4 ts'ai4 mo2]

Is there a … nearby?
附近有...的吗?
[hu4 køyŋ5 ou5 … i2 mo2]

halal restaurant
清真餐馆
[ts'iŋ1 tsiŋ1 ts'uaŋ1 uaŋ3]

kosher restaurant
犹太餐馆
[ieu2 t'ai4 ts'uaŋ1 uaŋ3]

vegan restaurant
食素餐馆
[sie7 sou4 ts'uaŋ1 uaŋ3]

vegetarian restaurant
食素餐馆
[sie7 sou4 ts'uaŋ1 uaŋ3]

Is this dish free of animal product?
这道菜有肉吗?
[tsi2 ʒie6 ts'ai4 ou5 ŋy7 mo2]

I'm allergic to …
我对...过敏
[ŋuai3 tɔy4 … kuo4 miŋ2]

I can't eat …
我不能吃...
[ŋuai mɛ3 sie7 …]

dairy
奶制品
[ŋu2 nɛiŋ2
tsɔ4 i2 nɔ6]

nuts
坚果
[kieŋ1 ŋuo3]

egg
蛋
[lɔuŋ5]

peanuts
花生
[hua1 lɛiŋ1]

gelatin
明胶
[miŋ2 ka1]

seafood
海鲜
[hai3 ts'ieŋ1]

gluten
面筋
[mieŋ5 kyŋ1]

spicy foods
辣味食品
[la7 lɛ3 nɔ6]

meat
肉
[ŋy7]

wheat
小麦
[sieu3 ma7]

MSG
味精
[i5 lou4]

I'm on a special diet.
我在节食减肥。
[ŋuai3 tuo7 lɛ3 kɛiŋ3 puoi2]

I'm diabetic.
我有糖尿病。
[ŋuai3 ou5 t'ouŋ1 nieu5 paŋ5]

Do you have any sugar-free products?
你有无糖产品吗?
[ny3 ou5 mo2 mo2 t'ouŋ1 lɛ3 saŋ3
p'iŋ3]

Do you have any artificial sweeteners?
你有人造甜味剂吗?
[ny2 ou5 mo2 iŋ2 tso4 tieŋ1 ɛi5 tsia4]

I'm vegan/vegetarian.
我吃素。
[ŋuai3 sie7 sou4]

decaffeinated
无咖啡因的
[mo2 ka1 βi1 iŋ1]

gluten-free
无明胶的
[mo2 miŋ2 ka1 lɛ]

free-range
自由放养的
[tsy5 ieu3 puŋ4 yoŋ3 lɛ]

organic
有机的
[ieu1 ki1 lɛ]

low-fat
低脂的
[tɛ1 tsie1 lɛ]

salt-free
不加盐的
[mo2 ɛiŋ1 sieŋ2 lɛ]

low in sugar
低糖
[tɛ1 louŋ2]

low in cholesterol
胆固醇的
[taŋ3 ku2 suŋ2 lɛ]

genetically modified
转基因的
[tuoŋ3 ki1 iŋ1 lɛ]

Complaints at a Restaurant

This isn't what I ordered.
这不是我点的。
[tsuoi2 iŋ5 nɛi5 ŋuai3 tɛiŋ3 lɛ]

I ordered …
我点了…
[ŋuai u5 tɛiŋ3 …]

This is …
这…
[tsuoi2 …]

cold	too spicy
是凉的	太辣了
[sɛi5 tɔyŋ4 i2]	[k'a6 la7 lau1]
undercooked	overcooked
没熟	煮老了
[muoi2 sy7]	[tsy3 hua6 ko lau1]
spoiled	not fresh
是变质的	不新鲜
[sɛi5 yoŋ1 i2]	[mɛ5 ts'ieŋ1]
too tough	not vegetarian
太硬了	不是素食的
[k'a6 ŋaiŋ5 lau1]	[tie3 lie4 u5 ny7]

Can you take it back, please?
可以麻烦你拿回去吗?
[k'i3 lɔyŋ5 ny3 to2 tuoŋ3 e5 sai3 mɑ5]

I cannot eat this.
我不吃这个。
[ŋuai3 mo2 sie7 tsuoi2]

We're leaving.
我们要走了。
[ŋuai3 ko6 ŋøyŋ2 tuo7 kiaŋ2 lau1]

How much longer until we get our food?
我们还要等多久才能上菜?
[ŋuai3 ko6 ŋøyŋ2 tuo7 tiŋ3 nuo7 ouŋ2
tsia4 e5 suoŋ5 ts'ai4]

We cannot wait any longer.
我们不能再等了。
[ŋuai3 ko6 ŋøyŋ2 mo2 paiŋ5 hua6 tiŋ3
lau1]

Paying at a Restaurant

Check, please!
麻烦买单!
[ma2 huaŋ2 mɛ3 laŋ1]

We'd like to pay separately.
我们想分开付。
[ŋuai3 ko6 ŋøyŋ2 suoŋ3 puoŋ1 k'uoi1
hou4]

Can we have separate checks?
我们能分开付吗?
[ŋuai3 ko6 ŋøyŋ2 ɑ5 mɑ5 sai3 puoŋ1
k'uoi1 hou4]

We're paying together.
我们一起付。
[ŋuai3 ko6 ŋøyŋ2 tsɛ2 hou4]

Is service included?
包括小费了吗?
[pau1 k'ua6 sieu3 hie4 ma]

What is this charge for?
这是付什么的?
[tsoui2 si5 hou4 sie6 miaŋ2 lɛ]

There is a mistake in this bill.
这个账单有错。
[tsia2 taŋ1 ou5 taŋ5]

I didn't order that. I ordered …
我没点这个。我点了…
[ŋuai3 mo2 tɛiŋ3 tsuoi2. ŋuai3 u5 tɛiŋ3 …]

Can I have a receipt/itemized bill, please?
可以给我收据吗?
[e5 sai3 to2 sieu1 øy4 k'øy6 ŋuai3 mɑ5]

It was delicious!
好吃!
[ho3 sie7]

FOOD & DRINK

Cooking Methods

baked
烘培
[høyŋ1]

microwaved
微波
[mi2 p'o1]

boiled
煮
[tsy3]

mixed
混合
[niaŋ3]

braised
烧
[sieu1]

poached
水煮
[sa7]

breaded
包面包屑
[pau1 mieŋ5
mau1 ts'øy4]

re-heated
加热
[ka1 ie7]

creamed
加奶油
[ka1 nai3 ieu2]

roasted
烤
[k'o3]

diced
切粒
[suo6 tiŋ1]

sautéed
油煎
[ieu2 ʒieŋ1]

filleted
切片
[suo6 pi'eŋ4]

smoked
熏
[hyŋ1]

grilled
烤
[k'o3]

steamed
蒸
[ts'uoi1]

stewed
炖
[touŋ5]

stuffed
塞
[sɛi6]

stir-fried
爆炒
[ts'a3]

toasted
烤
[k'o3]

rare
三分熟
[saŋ1 huŋ1 sy7]

medium rare
五分熟
[ŋu5 huŋ1 sy7]

well-done
全熟
[tsuoŋ2 sy7]

on the side
放旁边
[ɛiŋ1 pouŋ2 mieŋ1]

Tastes

bitter
苦
[tɛu1]

spicy
辣
[la7]

sour
酸
[souŋ1]

salty
咸
[kɛiŋ2]

sweet
甜
[tieŋ1]

bland
没味
[mo2 ɛi5]

FOOD & DRINK

Breakfast Foods

bacon 腌肉 [hyŋ2 ŋy7]

bread 面包 [mieŋ5 mau1]

butter 黄油 [uoŋ2 ieu2]

cereal 麦片 [ma7 pʼieŋ4]

cheese 奶酪 [nai3 lou7]

eggs 蛋 [lɔuŋ5]

granola 燕麦条 [ieŋ4 ma7]

honey 蜜 [mi7]

jam/jelly 果酱/果冻 [kuo3 tsuoŋ4/kuo3 touŋ4]

omelet 煎蛋卷 [tsieŋ1 lɔuŋ5 kuoŋ3]

sausage 香肠 [hyoŋ1 louŋ2]

yogurt 酸奶 [souŋ1 nɛiŋ2]

Vegetables

asparagus 芦笋 [lu2 suŋ3]

avocado 鳄梨 [ŋou7 li2]

beans 豆 [tau5]

broccoli 西兰花 [se1 laŋ2 ua1]

cabbage 包菜 [pau1 tsʼai4]

carrot 胡萝卜 [øyŋ2 lo2 pu7]

cauliflower 菜花 [hua1 tsʼai4]

celery 芹菜 [kʼyŋ2 tsʼai4]

chickpeas 鸡豆 [kie1 tau5]

corn 玉米 [ieu2 lieŋ1 mau4]

202   FUJIANESE DICTIONARY & PHRASEBOOK

cucumber 菜瓜 [ts'iaŋ1 nie7 ua1]

eggplant 茄子 [kyo2 pa7 ts'ai4]

garlic 蒜 [sɔuŋ4]

lentils 扁豆 [pieŋ3 nau5]

lettuce 生菜 [uo1 luŋ2]

mushroom 香菇 [hyoŋ1 ŋu1]

okra 秋葵 [ts'ieu1 ki2]

olives 橄榄 [kaŋ3 laŋ3]

onion 洋葱 [yoŋ2 ts'øyŋ1]

peas 豌豆 [kiŋ1 nau5]

pepper 胡椒 [hu2 lieu1]

potato 马铃薯 [huaŋ1 ŋianŋ3 ny2]

radish 萝卜 [lo2 pu7]

spinach 菠菜 [p'uo1 liŋ2 ʒai4]

sweet potato 番薯 [huaŋ1 ny2]

tomato 番茄 [huaŋ1 k'ɛi5]

Fruits and Nuts

apricot 杏 [haiŋ5]

apple 苹果 [piŋ2 kuo3]

banana 香蕉 [pa1 ʒieu1]

blueberry 蓝莓 [laŋ2 muoi2]

cashew 腰果 [ieu1 ŋuo3]

cherry 樱桃 [ɛiŋ1 t'o2]

Clementine 柑 [gang1]

coconut 椰子 [ia4 ʒi3]

date 枣 [tso3]

fig 无花果 [u2 ua1 uo3]

grape 葡萄 [po1 lo2]

grapefruit 柚子 [p'au1]

lemon 柠檬 [niŋ2 muŋ2]

lime 青檬 [ts'aŋ1 muŋ2]

mandarin 橘子 [kɛi6]

melon 瓜 [kua1]

orange 橙 [tsɛiŋ2]

peanut 花生 [hua1 lɛiŋ1]

peach 桃子 [t'o2]

pear 梨 [li2]

pineapple 菠萝 [uoŋ2 nai2]

plum 李子 [li3]

pomegranate 石榴 [suo7 lieu2]

raspberry 树莓 [ts'uo1 uŋ2]

strawberry 草莓 [ts'au3 muoi2]

tangerine 芦柑 [lu2 aŋ1]

walnut 胡桃 [hou7 t'o2]

watermelon 西瓜 [sɛ1 ua1]

Meats

beef 牛肉 [ŋu2 ny7]

burger 汉堡 [haŋ4 po3]

chicken 鸡肉 [kie1 ny7]

duck 鸭 [a6]

goat 山羊 [saŋ1 ŋyoŋ2]

ham 火腿 [huoi3 t'øy3]

lamb 羊羔 [yoŋ2 ŋiaŋ3]

pork 猪肉 [ty1 ny7]

rabbit 兔子 [t'ou4]

steak 牛排 [ŋu2 pɛ2]

turkey 火鸡 [huoi3 ie1]

veal 小牛 [ŋu2 ŋiaŋ3]

Seafood

calamari 鱿鱼 [ieu2 ŋy2]

crab 螃蟹 [maŋ2 ŋɑ5]

fish 鱼 [ŋy2]

lobster 龙虾 [løyŋ2 ha2]

octopus 章鱼 [møy7 ŋy2]

salmon 三文鱼 [saŋ1 uŋ2 ŋy2]

shrimp 虾 [ha2]

Desserts

cake 糕 [ko1]

cookie 饼干 [piaŋ3 kaŋ1]

ice cream 冰淇淋 [piŋ1 ki2 liŋ2]

Drinks

Non-alcoholic drinks

coffee (black) 咖啡 [ka1 βi1]

coffee with milk 加奶咖啡 [ka1 βi1 ka1 ŋu2 nɛiŋ2]

hot chocolate 热巧克力 [ie7 tsy1 ku3 li7]

juice 果汁 [kuo3 tsai6]
    apple juice 苹果汁 [piŋ2 kuo3 tsai6]
    orange juice 橙汁 [kaŋ1 tsai6]

lemonade 柠檬汁 [niŋ2 muŋ2 tsai6]

milk 牛奶 [ŋu2 nɛiŋ2]

mineral water 矿泉水 [k'uaŋ4 ʒuoŋ2 ʒuoi3]

sparkling water 苏打水 [su1 ta3 ʒuoi3]

soft drink 汽水 [k'i4 ʒuoi3]

soymilk 豆奶 [tau5 nɛiŋ2]

tea 茶 [ta2]

Alcoholic drinks

champagne 香槟 [hyoŋ1 piŋ1]

… beer … 啤酒 [… pi2 ʒieu3]
    bottled 瓶装 [piŋ2 ts]
    draft 生 [ts'aŋ1]
    canned 罐 [kuaŋ4]

brandy 白兰地 [bai2 lan2 di4*]

champagne 香槟 [hyoŋ1 piŋ1]

cocktail 鸡尾酒 [ji1 wei3 ʒieu3*]

gin 金酒 [kiŋ1 ʒieu3]

liqueur 烧酒 [sieu1 ʒieu3]

margarita 玛格丽特 [ma3 ge2 li4 te4*]

martini 马提尼 [ma2 ti2 ni2*]

vodka 伏特加 [fu2 te4 jia1*]

rum 兰姆 [lan2 mu2*]

scotch 苏格兰 [su1 ge2 lan2*]

tequila 龙舌兰 [long2 she2 lan2*]

vermouth 苦艾 [ku3 ai4*]

whisky 威士忌 [wei1 shi4 ji4*]

wine 红酒 [øyŋ2 ʒieu3]

>   red wine 红酒 [øyŋ2 ʒieu3]

>   white wine 白酒 [pa7 ʒieu3]

>   rosé wine 玫瑰酒 [muoi2 kuoi4 ʒieu3]

>   house wine 特色酒 [tɛi7 sai6 ʒieu3]

>   dessert wine 甜酒 [tieŋ1 ʒieu3]

>   dry wine 白干 [pa7 kaŋ1]

Grocery Shopping

Where is the nearest market/supermarket?
最近的市场/超市在哪里?
[tɛi6 køyŋ5 lɛ3 ts'i5 luoŋ2/
ts'ieu1 ʒɛi5 ka7 tie5 nœ3]

Where are the baskets/carts?
篮子/手推车在哪里?
[laŋ2 laŋ2/kɛu4 u7 ts'ia1 tuo7 tie5
nœ3]

I'd like some of this/that.
我想要一点这个/那个。
[ŋuai3 suoŋ3 ti7 ni6 tɛi6 tsuoi2 /
huoi2]

Can I have …?
我能有...吗?
[ŋuai3 k'o3 i3 ou5 … ma]

> **a (half) kilo of …**
> 一（半）千克...
> [so7（puaŋ4）ts'ieŋ1 k'ai6 …]

> **a liter of …**
> 一公升...
> [so7 tsiŋ1 …]

> **a piece of …**
> 一片 …
> [so7 p'ieŋ4 …]

> **a little more/less**
> 多/少一点
> [to1/tsieu1 ni6 tɛi6]

Where can I find …
我在哪里能找到...
[ŋuai3 ka7 tie5 nœ3 e5 t'o3 tuo7 …]

> **cleaning products**
> 清洁产品
> [tsiŋ1 kie6 saŋ3 p'iŋ3]

> **dairy products**
> 乳制品
> [ŋu2 nɛiŋ2 tsie4 p'iŋ3]

> **the deli section**
> 熟食品
> [sy7 si7 p'iŋ3]

> **fresh produce**
> 新鲜农产品
> [siŋ1 sieŋ1 nuŋ2 saŋ3 p'iŋ3]

fresh fish

鲜鱼

[ts'ieŋ1 ŋy2]

frozen foods

冷冻食品

[lɛiŋ3 touŋ4 si7 p'iŋ3]

household goods

日用品

[ni7 yŋ5 p'iŋ3]

meats   **poultry**

肉   家禽

[ŋy7]   [kie1 a6]

I need to go to …

我要去…

[ŋuai3 puo6 ko …]

the bakery

面包店

[mieŋ5 mau1 laiŋ4]

the butcher shop

肉店

[ŋy7 taiŋ4]

the convenience store

便利店

[pieŋ5 lɛi5 taiŋ4]

the fish market

鱼市

[ŋy2 t'aŋ1]

the produce market

农产品市场

[nuŋ2 mau5 ts'i5 luoŋ2]

You Might See

...前卖
[... sɛiŋ2 ma5]
Sell by ...

放冰箱
[ɛiŋ1 piŋ1 suoŋ1]
Keep refrigerated

启封后...天内食用
[k'uoi huŋ1 hau5 ... køyŋ1 nɔy5 sie7 uoŋ2]
Eat within ... days of opening

吃前加热
[sie7 sɛiŋ2 ka1 ie7]
Reheat before consuming

犹太的
[ieu2 t'ai4 lɛ]
kosher

有机的
[ieu1 ki1 lɛ]
organic

适合素食者
[si7 ha7 sie7 sou4 i2 nøyŋ2]
Suitable for vegetarians

可微波的
[e5 sai3 mi1 p'o1 lɛ]
microwaveable

the supermarket
超市
[ts'ieu1 ts'ɛi5]

gram(s)
克
[k'ai6]

kilo(s)
千克
[ts'ien1 k'ai6]

a piece of …
一片…
[so7 p'ien4 …]

two pieces of…
两片…
[lan5 p'ien4 …]

Can I have a little … please?
我能要一点…吗?
[k'i3 lɔyn5 e5 mɑ5 sai3 køy6 ŋuai3 ni6 kian3 …]

Can I have a lot of … please?
我能要很多…吗?
[k'i3 lɔyn5 e5 mɑ5 sai3 køy6 ŋuai3 ia3 la5 …]

That's enough, thanks.
够了,谢谢。
[ou5 kau4,sia5 lia5]

a bottle
一瓶
[so7 pin2]

a jar
一罐
[so7 kuan4]

a packet
一包
[so7 pau1]

a box
一盒
[so7 a7]

Paying at the Grocery

Where is the checkout?
哪里买单?
[tie5 nœ3 mɛ3 laŋ1]

Do I pay here?
这里付吗?
[tsi3 hou4 ma]

Do you accept credit cards?
你们收信用卡吗?
[ny3 ou5 sieu1 siŋ4 yŋ5 k'a3 mo2]

I'll pay in cash/by credit card.
我用现金/信用卡付。
[ŋuai3 hɛi7 hieŋ5 kiŋ1/siŋ4 yŋ5
k'a3 tsie1 hou4]

Paper/Plastic, please.
麻烦纸/塑料袋。
[ma2 huaŋ2 tsai3/ su4 lau5 tɔy5]

I don't need a bag.
我不需要袋子。
[ŋuai3 mo2 ti7 tøy5 tøy5]

I have my own bag.
我自己有袋子。
[ŋuai3 ou5 tsi5 ia1 lɛ3 tøy5 tøy5]

MONEY

Currency and Conversion

Where can I exchange money?
我在哪里可以换钱？
[ŋuai3 tuo7 tie5 nœ3 e5 uaŋ5 tseiŋ2
lɛ]

Is there a currency exchange office nearby?
附近有没货币兑换的地方？
[hu5 køyŋ5 ou5 mo2 huo4 pɛi5 tɔy4
uaŋ5 lɛ3 ti5 uoŋ1]

I'd like to exchange … for …
我想换…
[ŋuai3 suoŋ3 uaŋ5 …]

U.S. dollars	**Canadian dollars**
美金	加币
[mi3 kiŋ1]	[ka1 pɛi5]

pounds	**Euros**
英镑	欧元
[iŋ1 pouŋ5]	[ɛu1 uoŋ2]

Chinese yuan
人民币
[iŋ2 miŋ2 pɛi5]

traveler's checks
旅行支票
[ly3 ɛiŋ2 tsie1 p'ieu4]

What is the exchange rate?
现在的汇率是多少？
[hieŋ5 ʒai5 lɛ3 huoi5 lu7 sei5
nuai5]

What is the commission change?

佣金变化是什么？

[yŋ5 ʒieŋ2 pieŋ4 ua4 si5 sie6 no6]

Can you write that down for me?

你能帮我写下来吗？

[ny3 ɑ5 mɑ5 sai3 pouŋ1 ŋuai3 sia3 a5 lɛ]

Banking

Is there a bank near here?

附近有银行吗？

[hu4 kɔyŋ5 ou5 mo2 ŋyŋ2 ouŋ2]

Where is the nearest ATM?

最近的提款机在哪里？

[tɛi6 køyŋ5 i2 t'i2 k'uaŋ3 ki1 tuo7 tie5 nœ3]

What time does the bank open/close?

银行什么时候开门/关门？

[mieŋ5 ŋau5 ŋyŋ2 houŋ2 e5 k'uoi1 muoŋ2/ kuoŋ1 muoŋ2]

Can I cash this check here?

我能兑现这张支票吗？

[ŋuai3 ɑ5 mɑ5 tɔy5 hieŋ5 tsuoi2 tsie1 p'ieu4]

I would like to get a cash advance.

我想预支现金。

[ŋuai3 suoŋ3 y5 tsie1 hieŋ5 kiŋ1]

I would like to cash some traveler's checks.

我想兑些旅行支票。

[ŋuai3 suoŋ3 tɔy5 hieŋ5 ly3 ɛiŋ2 tsie1 p'ieu4]

I've lost my traveler's checks.
我的旅行支票弄丢了。
[ŋuai3 lɛ3 ly3 ɛiŋ2 tsie1 p'ieu4
p'aŋ1 mo2 o]

The ATM ate my card.
我的卡被提款机吞了。
[ŋuai3 i2 k'a3 kɔyŋ5 t'i2 k'uaŋ3
ki1 sie7 tie3 o]

You Might See at an ATM

插卡
[ts'ia6 k'a3]
insert card

支票
[tsie1 p'ieu4]
checking

密码
[mi7 ma3]
PIN number

储蓄
[tsouŋ2 k'uaŋ3]
savings

输入
[sy1 i7]
enter

取款
[ts'y3 k'uaŋ3]
withdrawal

清除
[tsiŋ1 ty2]
clear

存款
[tsouŋ2 k'uaŋ3]
deposit

取消
[ts'y3 lieu1]
cancel

收据
[sieu1 køy4]
receipt

SHOPPING & SERVICES

Shopping

Where's the …?
…在哪里？
[… ka7 tie5 nœ3]

antiques store
古董店
[ku3 luŋ3 taiŋ4]

bakery
面包店
[mieŋ5 mau1 laiŋ4]

bank
银行
[ŋyŋ2 ŋouŋ2]

bookstore
书店
[tsy1 laiŋ4]

camera store
照相馆
[k'ia6 suoŋ4 uaŋ3]

clothing store
衣服店
[i1 luoŋ2 naiŋ4]

convenience store
便利店
[pieŋ5 lɛi5 taiŋ4]

delicatessen

熟食店

[sy7 si7 taiŋ4]

department store

百货公司

[pɛi6 huo4 kuŋ1 ni1]

electronics store

电器店

[tieŋ5 kɛi4 taiŋ4]

gift shop

礼品店

[lɛ3 u7 taiŋ4]

grocery store

杂货店

[tsia7 huo4 laiŋ4]

health food store

保健品店

[po3 kyoŋ4 p'iŋ3 taiŋ4]

jeweler

珠宝店

[tsuo1 βo3 taiŋ4]

liquor store

酒类商店

[me5 tsieu3 i2 taiŋ4]

mall

购物中心

[keu4 u7 tyŋ1 niŋ1]

market

市场

[ts'i5 luoŋ2]

music store

音像店

[iŋ1 ts'uoŋ5 taiŋ4]

pastry shop

糕点店

[ko1 βiaŋ3 laiŋ4]

pharmacy

药店

[yo7 laiŋ4]

shoe store

鞋店

[e2 laiŋ4]

souvenir store

纪念品店

[ki4 nieŋ5 p'iŋ3 laiŋ4]

supermarket

超市

[ts'ieu1 ts'εi5]

toy store

玩具店

[k'a lieu2 no6 taiŋ4]

Getting help

Where's the …?
…在哪里
[… ka7 tie5 nœ3]

cashier
收银员
[sieu1 ŋyŋ2 uoŋ2]

fitting room
试衣间
[ts'ɛi4 i1 aŋ1]

escalator
手扶电梯
[hu5 lai1]

elevator
电梯
[tieŋ5 nai1]

store map
店内地图
[tɛiŋ4 nɔy5 ti5 tu2]

Browsing

Can you help me?
你能帮我吗?
[ny3 ou5 mo2 pɛiŋ5 hua6 pouŋ1 ŋuai3 la5]

I'm looking for …
我在找…
[ŋuai3 tuo7 lɛ3 t'o3 …]

Where can I find …?
我在哪里可以找到…?
[ŋuai3 ka7 tie5 nœ3 e5 t'o3 tuo7 …]

I would like …
我想…
[ŋuai3 suoŋ3 …]

I'm just looking.
我只是看看。
[ŋuai3 muoŋ3 k'aŋ4 la5]

Preference

I want something …
我想要…的
[ŋuai3 puo6 ti7 … lɛ3]

cheap	expensive
便宜	贵
[pieŋ2 ŋie2]	[kuoi4]

local	nice
当地	好看
[touŋ4 tɛi5]	[ho3 k'aŋ4]

I can only pay …
我只能付…
[ŋuai3 na5 hou5 …]

Is it authentic?
这是真货吗?
[tsuoi2 si5 nɛi5 tsiŋ1 lɛ3]

Can you show me that?
那个可以给我看看吗?
[hy3 ʒie6 e5 sai3 to2 ŋuai3 k'aŋ4 la5 mɑ5]

Can I see it?
我能看下吗?
[ŋuai3 ɑ5 mɑ5 sai3 k'aŋ4 la5]

Do you have any others?
你还没有其他的?
[ny3 ku4 ou5 ki2 t'a3 i2 mo2]

Can you ship this?

这个你能送货一下吗?

[tsi3 pi7 ny3 e5 sai3 søyŋ4 huo4
la5 ma5]

Can you wrap this?

这个你能包一下吗?

[tsi3 pi7 ny3 e5 sai3 spau1 la5 ma5]

Do you have this in …?

这个有没有...款式的?

[tsuoi2 ou5 mo2 … k'uaŋ3 nɛi6 i2]

black
黑色
[u1 sai6]

pink
粉红色
[t'o2 øyŋ2 sai6]

blue
蓝色
[laŋ2 sai6]

purple
紫色
[tsie3 sai6]

brown
棕色
[tsøyŋ1 nai6]

red
红色
[øyŋ2 nai6]

gray
灰色
[huoi1 sai6]

white
白色
[pa7 sai6]

green
绿色
[luo7 sai6]

yellow
黄色
[uoŋ2 nai6]

orange
橘色
[kɛi6 sai6]

Do you have anything lighter/darker?
你有没其他浅色/深色的?
[ny3 ou5 mo2 ki2 t'a3 ts'ieŋ3 nai6/
aŋ4 nai6 lɛ]

Haggling

That's too expensive.
太贵了。
[ka7 kuoi4 o]

Do you have anything cheaper?
你有便宜的吗?
[ny3 ou5 pieŋ2 ŋie2 lɛ3 mo2]

I'll give you …
我会给你...
[ŋuai3 ɛ5 k'øy6 ny3 …]

I'll have to think about it.
让我想想。
[nuoŋ5 ŋuai3 suoŋ3 la5]

Is that your best price?
这是你最好的价格吗?
[tsuoi2 si5 nɛi5 ny3 tɛi6 ho3 lɛ3
ka4 ʒieŋ2]

Can you give me a discount?
你能给我打个折吗?
[ny3 ou5 mo2 k'øy6 ŋuai3 p'a6
tsie6]

Deciding

That's not quite what I want.
这不是我最想要的。
[tsuoi2 ŋ5 nɛi5 ŋuai3 tɛi6 suoŋ3
ti7 lɛ]

I don't like it.
我不喜欢。
[ŋuai3 mɛ5 lyŋ1 ŋɛi4]

It's too expensive.
太贵了。
[k'a6 kuoi4 o]

I'll take it.
我要了。
[ŋuai3 ou5 ti7]

Paying

Where can I pay?
我在哪里付钱?
[ŋuai3 tuo7 tie5 nœ3 hou4 tsieŋ2]

How much?
多少钱?
[nuai5 ʒieŋ2]

Does the price include tax?
这个价钱是否含税?
[tsia3 ka4 ʒieŋ2 ou5 mo2 haŋ2 suoi4
lieu1]

I'll pay in cash.
我用现金付。
[ŋuai3 hɛi7 hieŋ5 kiŋ1 sie1 hou4]

I'll pay by credit card.
我用现用卡付。
[ŋuai3 hɛi7 siŋ4 yŋ5 k'a3 tsie1 hou4]

Do you accept traveler's checks?
你有收旅行支票吗?
[ny3 u5 sieu1 ly3 ɛiŋ2 tsie1 p'ieu4 mo2]

I have ...
我有...
[ŋuai3 ou5 ...]

> **an ATM card**
> 提款机的卡
> [t'i2 k'uaŋ3 ki1 lɛ3 k'a3]
>
> **a credit card**
> 信用卡
> [siŋ4 yŋ5 k'a3]
>
> **a debit card**
> 借记卡
> [tsuo6 kɛi4 k'a3]
>
> **a gift card**
> 礼物卡
> [lɛ3 u7 k'a3]

Can I have a receipt?
我能要张收据吗?
[ŋuai3 e5 sai3 to2 so7 luoŋ1 sieu1 køy4 ma5]

Complaining

This is broken.
这个坏了。
[tsuoi2 ŋai2 o]

It doesn't work.
不能用。
[mɛ5 sai3 lɛ]

I'd like …
我想…
[ŋuai3 suoŋ3 …]

to exchange this
换下这个
[uaŋ5 tsuoi2]

to return this
退这个
[t'ɔy4 tsuoi1]

a refund
退款
[t'øy4 k'uaŋ3]

to speak to the manager
跟经理讲话
[kɔyŋ5 kiŋ1 li3 kouŋ3 ua5]

Grocery Shopping *see pages 207–212*

Pharmacy *see pages 286–290*

SHOPPING & SERVICES

Services

barber
理发师傅
[t'ie4 lau2 la1 au5]

dry cleaner
干洗店
[kaŋ1 sɛ3 taiŋ4]

hair salon
美发店
[t'ie4 lau2 taiŋ4]

laundromat
自助洗衣店
[tsy5 tsou5 sɛ3 i1 laiŋ4]

nail salon
美甲店
[tsieŋ3 ŋa6 taiŋ4]

spa
温泉
[uŋ1 tsuoŋ2]

travel agency
旅行社
[ly3 ɛiŋ2 nia5]

At the Barber / Hair Salon

I'd like a …
我想…
[ŋuai3 suoŋ3 …]

color	shave
染色	剃
[niɛŋ3 nai6]	[t'ie4]

cut	trim
剪	修
[tsɛiŋ3]	[sieu1]

perm
烫
[tieŋ5]

Cut about this much off.
差不多剪这么长。
[tai5 kai4 tsɛiŋ3 tsuŋ3 uaŋ3 touŋ2]

Can I have a shampoo?
我能洗发吗?
[ŋuai3 ɑ5 mɑ2 sai3 sɛ3 lau2]

Cut it shorter here.
这剪短点。
[tsi3 tsɛiŋ3 tøy3 ni6 tɛi6]

Leave it longer here.
这里留长点。
[tsi3 lau3 touŋ2 ni6 tɛi6]

At the Spa

I'd like (a) …
我想…
[ŋuai3 suoŋ3 …]

facial
美容
[mi3 yŋ2]

wax
打蜡
[suoŋ5 la7]

manicure
修指甲
[sieu1 tsien3 ŋa6]

aromatherapy
香料按摩
[hyoŋ1 lau5 aŋ3 mo2]

massage
按摩
[aŋ4 mo2]

acupuncture
针灸
[tsɛiŋ1 kieu3]

pedicure
修脚
[sieu1 k'a1]

sauna
桑拿
[saŋ1 na3]

At the Laundromat

Is there …?
有…吗?
[ou5 … ma]

full-service
全套服务
[tsuoŋ2 mieŋ5 hu7 ou5]

self-service
自助服务
[tsy5 tsou5 hu7 ou5]

same-day service
当天即取的服务
[touŋ1 ni7 tsieu5 to2 hu7 ou5]

Do you have …?
你有没…?
[ny3 ou5 mo2 …]

bleach
漂白水
[p'ieu4 pa7 ʒuoi3]

change
零钱
[ts'øy4 ʒseiŋ2]

detergent
洗衣水
[sɛ3 i1 ʒuoi3sɛ3 ti7 tsia4]

dryer sheets
烘干纸
[høyŋ1 kaŋ1 tsai3]

fabric softener
织物软剂
[tsi6 u7 nuoŋ3 tsia4]

This machine is broken.
这个机器坏了。
[tsia3 ki1 kɛi4 ŋai2 o]

How does this work?
这个怎么运作?
[tsoui2 tsuoŋ3 uŋ5 ʒɔu3]

When will my clothes be ready?
我的衣服什么时候能好?
[ŋuai3 lɛ3 i1 luoŋ2 mieŋ5 ŋau5 e5 ho3]

whites
全白
[tsuoŋ2 ma7]

colors
彩色
[ts'ai3 lai6]

delicates
温和洗衣
[uŋ1 ho2 sɛ3 i1]

hand wash
手洗
[ts'ieu3 lɛ3]

gentle cycle
温和循环
[uŋ1 ho2 suŋ2

permanent press
免烫
[mieŋ3 ou6 k'uaŋ2]

dry clean only
干洗
[kaŋ1 nɛ3]

cold water
冷水
[tɔyŋ4 tsuoi3]

warm water
温水
[huo2 t'ouŋ]

hot water
热水
[ie7 t'ouŋ1]

SOCIAL INTERACTION

Introductions

Hello.	**Hi!**
你好。	嗨!
[ny3 ho3]	[hai2]

Sir	**Madam**
先生	女士
[sieŋ1 sɛiŋ1]	[ny3 søy5]

Mr.	**Mrs.**
先生	太太
[sieŋ1 sɛiŋ1]	[t'ai4 t'ai4]

Ms.
小姐
[sieu3 tsia3]

Dr. *(medical)*	**Dr.** *(academic)*
医生	教授
[i1 lɛiŋ1]	[kau4 lieu5]

What's your name?
你叫什么名字?
[ny3 miaŋ2 sie6 no6]

My name is …
我叫…
[ŋuai3 miaŋ2 …]

Pleased to meet you.
很高兴认识你。
[ia3 huaŋ1 ŋi3 niŋ5 sɛi6 ny3]

What do you do?
你是做什么的?
[ny3 si5 tso4 sie6 miaŋ2 lɛ]

> **I'm a student.**
> 我是学生。
> [ŋuai3 si5 hou7 sɛiŋ1]

> **I work for ...**
> 我为...工作
> [ŋuai3 uoi5 ... tso4 køyŋ1]

> **I'm retired.**
> 我退休了。
> [ŋuai3 t'øy4 ieu1 lau3]

Age

How old are you?
你几岁了?
[ny3 kuoi3 uoi4 lau3]

I am ... years old.
我...岁。
[ŋuai3 ... uoi4]

NATIONALITY

Where are you from?
你来自哪里?
[ny3 si5 tie5 nœ3 li2 lε]

> **I'm from …**
> 我是...来的
> [ŋuai3 si5 … li2 lε]

>> **the United States (U.S.A.)**
>> 美国
>> [mi3 uo6]

>> **the United Kingdom (UK)**
>> 英国
>> [iŋ1 uo6]

>> **Canada**
>> 加拿大
>> [ka1 na3 tai5]

>> **Ireland**
>> 爱尔兰
>> [ai4 i3 laŋ2]

>> **Australia**
>> 澳大利亚
>> [o4 tai4 li2 a3]

>> **New Zealand**
>> 新西兰
>> [siŋ1 se1 laŋ2]

Where were you born?
你出生在哪?
[ny3 si4 tie3 nœ3 ts'u6 tsεiŋ4 lε]

I was born in …
我出生在…
[ŋuai3 ka7 … ts'u6 tsɛiŋ4]

I'm …
我是…
[ŋuai3 si5 …]

> **American**
> 美国人
> [mi3 uo6 nøyŋ2]

> **English**
> 英国人
> [iŋ1 uo6 nøyŋ2]

> **Welsh**
> 威尔士人
> [uoi1 i2 søy5 nøyŋ2]

> **Scottish**
> 苏格兰人
> [su1 kɛi6 laŋ2 nøyŋ2]

> **Irish**
> 爱尔兰人
> [ai4 i3 laŋ2 nøyŋ2]

> **Canadian**
> 加拿大人
> [ka1 na3 tai5 nøyŋ2]

> **Australian**
> 澳大利亚人
> [o4 tai4 li2 a3 nøyŋ2]

> **a New Zealander**
> 新西兰人
> [siŋ1 se1 laŋ2 nøyŋ2]

FAMILY

This is my …
这个是我…
[tsi3 ʒie6 si5 ŋuai3 lɛ3 …]

husband	wife	partner
丈夫	妻子	配偶
[touŋ5 muo1]	[lau5 ma3]	[ai4 iŋ2]

mother	father
妈妈	爸爸
[ma1]	[pa1]

older brother	younger brother
哥哥	弟弟
[ko1]	[tie5]

older sister	younger sister
姐姐	妹妹
[tsia3]	[muoi4]

cousin
表哥 [pieu3 iŋ1] (elder male)
表弟 [pieu3 la5] (younger male)
表姐 [pieu3 ʒia3] (elder female)
表妹 [pieu3 muoi4] (younger female)

aunt
姑妈 [ku1 ma1] (paternal older)
姑姑 [i1 ku1] (paternal younger)
阿姨 [i2] (maternal)

uncle
伯伯 [i1 pa6] (paternal older)
叔叔 [i1 ka1] (paternal younger)
舅舅 [i1 kieu5] (maternal)

grandmother
奶奶 / 外婆
[ma3 / ŋie5 ma3]

grandfather
爷爷 / 外公
[kuŋ1 / ŋie5 uŋ1]

mother-in-law
岳母
[tuoŋ3 nɛ3]

father-in-law
岳父
[tuoŋ2 nøyŋ2]

brother-in-law
姐夫 [tsia3 u1] (elder sister's husband)
妹夫 [muoi4 u1] (younger sister's husband)

sister-in-law
嫂子 [so3] (elder brother's wife)
弟媳 [tie5 siŋ1 mou5] (younger brother's wife)

step-mother
继母
[au5 louŋ2 nɛ3]

step-father
继父
[au5 louŋ2 mɑ5]

step-sister
继姐妹
[au5 tsia3 muoi4]

step-brother
继兄弟
[au5 hiaŋ nie5]

RELIGION

What religion are you?
你信什么教？
[ny3 si5 sɛiŋ4 sie6 no6 kau4 i2]

I am ...
我是...
[ŋuai3 si4 ...]

agnostic
不可知论者
[mɛ5 βai6 ou5 mo2 siŋ2 i2 nøyŋ2]

atheist
无神论者
[u2 liŋ2 lɔuŋ5 i2 nøyŋ2]

Buddhist
佛教徒
[sɛiŋ4 hu7 kau4 i2]

Catholic
天主教徒
[sɛiŋ4 t'ieŋ1 ʒuo3 au4 i2]

Christian
基督教徒
[sɛiŋ4 ia2 lu1 au4 i2]

Hindu
印度教徒
[sɛiŋ iŋ4 tou5 kau4 i2]

Jewish
犹太教徒
[sɛiŋ4 ieu2 lai4 au4 i2]

Muslim
穆斯林
[mu7 sy1 liŋ2]

ETIQUETTE

How are you?
你好吗?
[ny3 kiŋ1 naŋ4 tsuoŋ3 ŋi2]

> **Fine, thanks.**
> 很好，谢谢。
> [mo2 ŋai2, k'i3 lɔyŋ5]

> **And you?**
> 你呢?
> [ny3 li1]

Good morning.
早上好。
[tsai3 lau2 ho3]

Good afternoon.
下午好
[a5 lau5 ho3]

Good evening.
晚上好。
[maŋ2 muo1 ho3]

Good night.
晚安。
[uaŋ3 aŋ1]

See you ...
...见
[... kieŋ4]

> **later**
> 等会儿
> [tiŋ3 la5]

> **soon**
> 很快再
> [ia3 k'ɑ4 tsai4]

> **tomorrow**
> 明天
> [miŋ2 naŋ4]

Welcome!
欢迎!
[huaŋ1 ŋiŋ2]

Goodbye.
再见。
[tsai4 kieŋ4]

Please.
请。
[ts'iaŋ3]

Thank you.
谢谢。
[k'i3 lɔyŋ5]

You're welcome.
不客气。
[mo2 k'ɛi6 k'ɛi4]

I'm sorry.
对不起。
[tøy4 pu6 tsøy5]

Excuse me.
不好意思。
[mɛ5 ho3 i4 løy4]

INTERESTS & LEISURE

Do you like …?
你喜欢...吗?
[ny3 ε5 hi3 huaŋ1 … ma5]

art	**music**
艺术	音乐
[ŋie5 lu7]	[iŋ1 ŋou7]
cinema	**theater**
电影	戏剧
[tieŋ5 iŋ3]	[hie4 k'yo7]
sports	
运动	
[uŋ5 touŋ5]	

Yes, very much.
是的，非常喜欢。
[tsiaŋ4 nεi5, ia4 hi3 huaŋ1]

Not really.
不是很喜欢。
[mo2 ŋia3 hi3 huaŋ1]

A little.
一点点。
[ni6 tεi6]

I like …
我喜欢...
[ŋuai3 hi3 huaŋ1 …]

I don't like …
我不喜欢...
[ŋuai3 mε5 hi3 huaŋ1 …]

The Arts

Can you recommend a good …?

你能推荐好...吗?

[ny3 e5 ma5 sai3 t'øy1 tsien4 ho3 i1 …]

book

书

[tsy1 so7 βuoŋ3]

CD

片

[CD so7 p'ieŋ4]

exhibit

展览

[tieŋ3 laŋ3 so7 pi7]

museum

博物馆

[pou6 u7 uaŋ3 so7 aŋ1]

film

电影

[tieŋ5 iŋ3 so7 pieŋ]

play

游戏

[ieu2 hie4 so7 pi7]

I like … (films).

我喜欢...(电影) 。

[ŋuai3 hi3 huaŋ1 … tieŋ5 iŋ3]

action	art
动作	文艺
[u3 la3]	[uŋ2 ŋie5]

comedy
喜剧
[hi3 k'yo7]

musical
音乐剧
[in1 ŋou7
k'yo7]

drama
戏剧
[hie4 k'yo7]

mystery
神秘
[siŋ2 pei4]

foreign
外国
[ŋuoi5 kuo6]

romance
浪漫
[ai4 tsiŋ2]

horror
恐怖
[k'yŋ3 puo4]

suspense
悬疑
[hieŋ2 ŋi2]

indie
独立
[tu7 li7]

What's playing tonight?
今晚玩什么?
[kiŋ1 muo1 puo6 k'a1 lieu2 sie6 no6]

What are the movie times?
电影什么时候的?
[tieŋ5 iŋ3 mieŋ5 ŋau5 lɛ]

Sports

I like …
我喜欢...
[ŋuai3 hi3 huaŋ1 …]

baseball
棒球
[pouŋ5 ŋieu2]

basketball
篮球
[laŋ2 ŋieu2]

bicycling
自行车
[k'ie2 k'a1
ʒia1]

skiing
滑雪
[hua7 suo6]

boxing
拳击
[p'a6 kuŋ2 nau2]

soccer
足球
[k'a1 ieu2]

diving
跳水
[t'ieu4 tsuoi3]

swimming
游泳
[sieu2 tsuoi3]

football *(American)*
橄榄球
[ka3 laŋ3 ŋieu2]

surfing
冲浪
[ts'yŋ1 lɔuŋ5]

golf
高尔夫
[ko1 i2 hu1]

tennis
网球
[uoŋ3 kieu2]

hiking
徒步旅行
[kiaŋ2 tuo5 ly3
ɛiŋ2]

volleyball
排球
[pɛ2 kieu2]

martial arts
武术
[p'a6 kuŋ2 nau2]

When's the game?
什么时候比赛?
[mieŋ5 ŋau5 pi3 luoi5]

Would you like to go to the game with me?
你想跟我一起去看比赛吗?
[ny3 u5 suoŋ3 kɔyŋ5 ŋuai3 tsɛ2 ko
k'aŋ4 pi3 luoi5 mo2]

What's the score?

比分是多少?

[huŋ1 nou4 si5 nuo6 uai5]

Who's winning?

谁会赢?

[tie5 nøyŋ2 ɑ5 iaŋ2]

Do you want to play?

你想玩吗?

[ny3 u5 suoŋ3 k'a1 lieu2 mo2]

Can I join in?

我能参加进来吗?

[ŋuai3 ɑ5 mɑ5 sai3 ka1 lie2 li2]

Friends and Romance

What are your plans for …?

你...打算做什么?

[ny3 … p'a6 lɔuŋ4 tso4 miaŋ2]

> **tonight**　　　**tomorrow**
>
> 今晚　　　　　明天
>
> [kiŋ1 muo1]　[miŋ2 naŋ4]
>
> **the weekend**
>
> 周末
>
> [pai4 løy7 lɛ3 βai4]

Would you like to get a drink?

你要不要喝点什么?

[ny3 ou5 ti7 iŋ4 lau5 mo2]

Where would you like to go?

你想去哪里?

[ny3 suoŋ3 ko tie5 nœ3]

Would you like to go dancing?
你想去跳舞吗？
[ny3 ou5 suoŋ3 k'o4 t'ieu4 u3 mo2]

> **I'm busy.**
> 我很忙。
> [ŋuai3 ia3 mouŋ2]

> **No, thank you.**
> 不去，谢谢。
> [ŋ5 k'o4, sia5 lia5]

> **I'd like that.**
> 这个合我心意。
> [ŋuai3 ŋou7 ɛi4]

> **That sounds great!**
> 听起来不错！
> [t'iaŋ1 luoŋ5 mɛ5 ŋai2]

Go away!   **Stop it!**
滚开！   停下！
[kuŋ3 k'uoi1]   [tiŋ2 kia5 li2]

I'm here with my ...
我和我的...在这
[ŋuai3 kɔyŋ5 ŋuai3 ... ka7 tsi3]

> **boyfriend**   **girlfriend**
> 男朋友   女朋友
> [naŋ2 pɛiŋ2 ieu3]   [ny3 pɛiŋ2 ieu3]

> **husband**   **wife**   **partner**
> 丈夫   妻子   配偶
> [touŋ5 muo1]   [lau5 ma3]   [ai4 iŋ2]

I'm ...
我...
[ŋuai3 ...]

single
是单身
[si5 taŋ1 niŋ1]

married
已婚
[kie7 huŋ1 lau3]

separated
已分居
[i3 huŋ1 ky2]

divorced
已离婚
[lie5 uoŋ1 o lau3]

seeing someone
在求偶
[lɛ3 t'o3 p'uaŋ5]

Do you like men or women?
你喜欢男的女的?
[ny3 tyŋ4 ɛi4 naŋ2 ŋai4 ku4 li5 ny3 ai4]

I'm ...
我是...
[ŋuai3 si4 ...]

bisexual
双性恋
[søyŋ1 sɛiŋ4 luoŋ5]

heterosexual
异性恋
[i5 siŋ4 luoŋ5]

homosexual
同性恋
[tuŋ2 siŋ4 luoŋ5]

Can I kiss you?

我可以亲你吗?

[ŋuai3 ɑ5 mɑ5 sai3 tsyŋ1 ny3 la5]

I like you.

我喜欢你。

[ŋuai3 hi3 huaŋ1 ny3]

I love you.

我爱你。

[ŋuai3 tyŋ4 ɛi4 ny3]

COMMUNICATIONS

Mail

Where is the post office?
哪里是邮局?
[tie5 nœ3 si5 ieu2 ʒiŋ4 ŋuo7]

Is there a mailbox nearby?
附近有没信箱?
[hu5 k'øyŋ5 ou5 mo2 p'ie1 luoŋ1]

Can I buy stamps?
我能买邮票吗?
[ŋuai3 ɑ5 mɑ5 sai3 mɛ3 ieu2 p'ieu4]

I would like to send a ...
我想寄...
[ŋuai3 suoŋ3 kie4 ...]

> **letter**   **package/parcel**
> 信   包裹
> [p'ie1]   [pau1 kuo3]

> **postcard**
> 明信片
> [miŋ2 siŋ4 pi'eŋ4]

Please send this via ...
麻烦通过...寄这个
[ma2 huaŋ2 t'uŋ1 kuo4 ... kie4 tsuoi2]

> **regular mail**   **air mail**
> 平邮   航空信
> [piŋ2 ieu2]   [houŋ2 k'uŋ1 p'ie1]

registered mail
挂号信
[kua4 ho5 p'ie1]

priority mail
快递信
[k'uai4 ta5 p'ie1]

It's going to …
这是寄到...的
[tsuoi2 sɛi kie4 k'o4 … i2]

the United States
美国
[mi3 uo6]

Canada
加拿大
[ka1 na3 tai5]

the United Kingdom
英国
[iŋ1 ŋuo6]

How much does it cost?
多少钱?
[nuai5 tseiŋ2]

When will it arrive?
什么时候到?
[mieŋ5 ŋau5 kau4]

It contains …
它包括...
[i1 pau1 kua6 …]

What is …?
...是哪里?
[… si5 tie3 nœ3]

your address
你的地址
[ny3 lɛ3 ti5 tsi3]

the address for the hotel
酒店地址
[tsieu3 laiŋ4 ti5 tsi3]

the address I should have my mail sent to
我的信本该寄到的地方
[ŋuai i2 p'ie1 tuo7 kie4 kau4 i2
ti5 uoŋ1]

Can you write down the address for me?
你能帮我写下地址吗?
[ny3 ɑ5 mɑ5 sai3 pouŋ1 ŋuai3 ti5 tsi3
sia3 la5 lɛ]

Is there any mail for me?
有没有我的信?
[ou5 mo2 ŋuai3 lɛ3 p'ie1]

international
国际
[kuo6 tsie4]

domestic
国内
[kuo6 nɔy5]

postage
邮费
[ieu2 hie4]

stamp
邮票
[ieu2 βieu4]

envelope
信封
[p'ie1 lɔy5]

postal code
邮编
[ieu2 p'ieŋ1]

customs
海关
[hai3 uaŋ1]

postal insurance
邮寄保险
[ieu2 kie4 po3 ieŋ3]

Telecommunication

Telephones, Faxing & Mobile Phones

Where is a pay phone?
哪里有电话亭?
[tie2 nœ3 ou5 tieŋ5 ua5 tiŋ2]

Can I use your phone?
我能用你的电话吗?
[ŋuai3 ɑ5 mɑ5 sai3 sai3 ny3 lɛ3
tieŋ5 ua5]

I would like to …
我想…
[ŋuai3 suoŋ3 …]

> **make an overseas phone call**
> 打国际电话
> [p'a6 kuo6 tsie4 tieŋ5 ua5]

> **make a local call**
> 打本地电话
> [p'a6 puoŋ3 tɛi5 tieŋ5 ua5]

> **send a fax**
> 发传真
> [hua6 tuoŋ2 tsiŋ1]

What number do I dial for …?
我找…要打什么号码?
[ŋuai3 t'o3 … tuo7 p'a5 sie6 no6 ho5
ma3]

> | **information** | **an operator** |
> |---|---|
> | 信息 | 话务员 |
> | [siŋ4 sɛi6] | [ua5 u5 uoŋ2] |

an outside line

外线

[ŋuoi5 liaŋ4]

What is the phone number for the …?

…的电话号码是多少？

[… lɛ3 tieŋ5 ua5 ho5 ma3 si4 sie6 miaŋ2]

hotel

酒店

[tsieu3 laiŋ4]

restaurant

餐馆

[kuaŋ2 niaŋ4]

office

办公室

[pɛiŋ5 ŋuŋ1 nɛi6]

embassy

大使馆

[tuai5 lai3 uaŋ3]

What is your …?

你的…是多少

[ny3 lɛ3 … si4 nuo7 uai5]

phone number

电话号码

[tieŋ5 ua5 ho5 ma3]

home phone number

家庭电话号码

[ts'uo4 lɛ3 tieŋ5 ua5 ho5 ma3]

work number

工作电话号码

[køyŋ1 ʒou3 tieŋ5 ua5 ho5 ma3]

fax number

传真号码

[tuoŋ2 tsiŋ1 ho5 ma3]

mobile phone number

手机

[ts'ieu3 ki1 ho5 ma3]

Can you write down your number for me?

你能把你的号码写下来吗?

[ny3 α5 mα5 sai3 pouη1 ηuai3 ho5 ma3
sia3 a5 lε]

My number is …

我的号码是...

[ηuai3 lε3 ho5 ma3 si5 …]

What is the country code for …?

...的国家代码是多少

[... i2 kuo6 ka1 tai5 ma3 si5 nuo7
uai5]

I would like to buy …

我想买...

[ηuai3 suoη3 mε3 …]

a domestic phone card

一张国内电话卡

[so7 t'uoη1 kuo6 nɔy5 tieη5 ua5
k'a4]

an international phone card

一张国际电话卡

[so7 t'uoη1 kuo6 tsie4 tieη5
ua5 k'a4]

a disposable cell phone

一个一次性手机

[so7 ʒie6 i1 ts'y4 lεiη4 ts'ieu3
ki1]

a SIM card

一张电话卡

[so7 t'uoŋ1 tieŋ5 ua5 k'a3]

a mobile phone recharge card

一张手机充值卡

[so7 t'uoŋ1 ts'ieu3 ki1 ts'yŋ1 ti7 k'a4]

What is the cost per minute?

每分钟多少钱?

[muoi3 huŋ5 ʒyŋ1 nuai5 tseiŋ2]

I need a phone with XX minutes.

我需要XX分钟的电话。

[ŋuai3 sy1 ieu4 XX huŋ1 ʒyŋ1 lɛ3 tieŋ5 ua5]

How do I make calls?

我要怎么打?

[ŋuai3 tuo7 tsuoŋ3 p'a6]

collect call

对方付费

[tøy4 uoŋ1 hu4 hie4]

toll-free

免费

[mieŋ3 hie4]

pre-paided cell phone

预付费手机

[y5 hou4 tsieŋ2 ts'ieu3 ki1]

phone number

电话号码

[tieŋ5 ua5 ho5 ma3]

extention (number)
分机（号码）
[huŋ1 ki1(ho5 ma3)]

phone book
电话簿
[tieŋ5 ua5 puo5]

voicemail
语音信息
[ŋy3 iŋ1 siŋ4 sɛi6]

On the phone

Hello?
你好？
[ny3 ho3]

Hello. This is …
你好。我是…
[ny3 ho3 ŋuai3 si5 …]

May I speak to …?
我能跟…。讲电话吗?
[ŋuai3 ɑ5 mɑ5 sai3 kɔyŋ4 … kouŋ3 tieŋ5 ua5]

> **… isn't here; may I take a message?**
> …不在；我能记下信息吗？
> [… mo2 ka7 lɛ; ŋuai3 ɑ5 mɑ5 sai3 kɛi4 a5 siŋ2 sɛi6]

I would like to leave a message for …
我想留个信息给…
[ŋuai3 suoŋ3 lau3 siŋ2 sɛi6 k'øy6 …]

Sorry, wrong number.

对不起，错的号码。

[tøy4 pu6 k'i3, taŋ5 lɛ3 ho5 ma3]

Please call back later.

请稍候回电。

[ma2 huaŋ2 tiŋ3 la5 huoi2 p'a6]

I'll call back later.

我等下会打回来。

[ŋuai3 la5 tiŋ3 kai4 p'a6 uo4 li2]

Bye./Goodbye.

再见。

[tsai4 kieŋ4]

Computers and the Internet

Windows	Macintosh
微软	苹果机
[mi2 nuoŋ3]	[piŋ2 kuo3 ki1]

computer	laptop
电脑	笔记本电脑
[tieŋ5 no3]	[pi3 ki4 puoŋ5 lo3]
tieŋ5	

USB port	ethernet cable
USB插口	网线
[USB tsie6 k'au3]	[uoŋ3 niaŋ4]

CD	DVD
片	光盘
[CD]	[kuoŋ1 puaŋ2]

e-mail
电子邮件
[tieŋ5 tsy3 ieu2 yoŋ5]

Where is the nearest …?
最近的...在哪里?
[tɛi6 kɔyŋ5 lɛ3 … tuo7 tie2 nœ3]

Internet café
网吧
[uoŋ3 pa1]

computer repair shop
电脑修理店
[tieŋ5 no3 sieu1 li3 laiŋ4]

Do you have …?
你是否有...?
[ny3 ou5 mo2 …]

available computers
可用的电脑
[a5 sai3 lɛ3 tieŋ5 no3]

(wireless) Internet
(无线) 网
[(u2 liaŋ4) uoŋ3]

a printer
打印机
[ta3 iŋ4 ki1]

a scanner
扫描机
[sau4 mieu2 ki1]

How do you …?
怎样... ?
[tsuoŋ3 …]

turn on this computer
开这个电脑
[k'uoi1 tsia3 tieŋ5 no3]

log in
登入
[tɛiŋ1 i7]

connect to the wi-fi
连网
[lieŋ2 uoŋ3]

type in English
打英语
[p'a6 iŋ1 ŋy3]

How much does it cost for …?
…要多少钱?
[… nuai5 tseiŋ2]

15 minutes
十五分钟
[saŋ1 ʒɛi5]

30 minutes
半小时
[puaŋ4 nɛiŋ3 ʒyŋ1]

one hour
一小时
[so7 lɛiŋ3 ʒyŋ1]

What is the password?
密码是什么?
[mi7 ma3 si4 sie6 miaŋ2]

My computer …
我的电脑…
[ŋuai3 lɛ3 tieŋ5 no3 …]

doesn't work
不行
[mɛ5 sai3 lɛ]

won't turn on
无法开机
[k'uoi1 mɛ5 k'i3]

is frozen
卡了
[ka3]

crashed
崩溃了
[ŋai2]

doesn't have an Internet connection
没有网络连接
[mɛ5 lieŋ2 uoŋ3 o]

BUSINESS

Professions and Specializations

What do you do?
你的职业是什么?
[ny3 i2 tsi6 ŋie7 si5 sie6 miaŋ2]

I'm …
我的职业是…
[ŋuai3 tsi6 ŋie7 si5 …]

an aid worker
救援人员
[iŋ3 kieu4 iŋ2 uoŋ2]

an accountant
会计
[huoi5 ie4]

an admisistrative assistant
行政助理
[hɛiŋ2 ʒiŋ4 tsou5 li3]

an architect
建筑师
[kyoŋ4 nøy6 syl]

an assistant
助理
[tsou5 li3]

an artist
艺术家
[ŋie5 lu7 ka1]

a banker
银行家
[ŋyŋ2 houŋ2 ka1]

a businessman/ businesswoman
商人
[tso4 sɛiŋ1 ŋɛi4 i2]

a carpenter
木匠
[mu7 sa1 au5]

a CEO
首席执行官
[tuai5 lo3 pɛiŋ3]

a clerk
职员
[tsi6 uoŋ2]

a consultant
顾问
[ku5 ouŋ5]

a contractor
承包人
[siŋ2 pau1 nøyŋ2]

a construction worker
建设工人
[kyoŋ4 tøy6 køyŋ1 iŋ2]

a dentist
牙医
[ŋai2 i1]

a director
主任
[tsuo3 εiŋ5]

a doctor
医生
[i1 lεiŋ1]

an editor
编辑
[p'ieŋ1 tsi7]

an electrician
电工
[tieŋ5 ŋøyŋ1]

an engineer
工程师
[køyŋ1 niaŋ2 ny1]

an intern
实习生
[sy7 li7 lεiŋ1]

a journalist
新闻工作者
[siŋ1 uŋ5 køyŋ1 ʒɔu6 tsia3]

a lawyer
律师
[lu7 sy1]

a librarian
图书馆员
[tu2 tsy1 uaŋ3 uoŋ2]

a manager
经理
[kiŋ1 li3]

a nurse
护士
[ho5 løy5]

a politician
政治家
[tsiŋ4 tei5 ka1]

a secretary
秘书
[pi4 tsy1]

a student
学生
[hou7 sεiŋ1]

a supervisor
主管
[tsuo3 kuaŋ3]

a teacher
教师
[siŋ1 naŋ1]

a writer
作家
[tsɔu6 ka1]

I work in …
我在...工作
[ŋuai3 ka7 … køyŋ1 ʒau3]

academia
学术界
[hou7 su7 kai4]

accounting
财务行业
[tsai2 ou5 ouŋ2 ŋie7]

advertising
广告行业
[kuoŋ3 ko4 ouŋ2 ŋie7]

the arts
艺术行业
[ŋie5 lu7 ouŋ2 ŋie7]

banking
银行行业
[ŋyŋ2 houŋ2 ouŋ2 ŋie7]

business
商业
[suoŋ1 ŋie7 huoŋ1 mieŋ5]

education
教育行业
[kau4 ŋy7 ouŋ2 ŋie7]

engineering
工程行业
[køyŋ1 liaŋ2 ouŋ2 ŋie7]

finance
金融行业
[kiŋ1 yŋ2 ouŋ2 ŋie7]

government
政府
[tsiŋ4 u3]

journalism
新闻行业
[siŋ1 uŋ5 ouŋ2 ŋie7]

law
法律行业
[hua6 lu7 ouŋ2 ŋie7]

manufacturing
制造工业
[tsie4 ʒo4 ouŋ2 ŋie7]

marketing
营销行业
[sieu1 lieu2 ouŋ2 ŋie7]

the medical field
医疗行业
[i1 lieu5 ouŋ2 ŋie7]

politics
政界
[tsiŋ4 kai4]

public relations
公关行业
[kuŋ1 uaŋ1 ouŋ2 ŋie7]

publishing
出版行业
[ts'u6 pɛiŋ3 ouŋ2 ŋie7]

a restaurant
餐馆
[ts'uaŋ1 uaŋ3]

a store
商店
[suoŋ1 naiŋ4]

social services
社会服务行业
[sia5 huoi5 hu7 ou5 ouŋ2 ŋie7]

the travel industry
旅行业
[ly3 ieu2 ŋie7]

Business Communication & Interaction

I have a meeting/appointment with …
我和...有约会
[ŋuai3 kɔyŋ5 … ou5 yo6 huoi5]

Where's the …?
哪里是...?
[tie5 nœ3 si5 …]

business center
商业中心
[souŋ1 ŋie7 tyŋ1 niŋ1]

convention hall
大厅
[tuai5 liaŋ1]

meeting room
会议室
[huoi5 ŋie5 lɛi6]

Can I have your business card?
能否给我一张你的名片?
[miŋ2 p'ieŋ4 e5 sai3 k'øy6 ŋuai3 ma5]

Here's my name card.
这是我的名片。
[tsi3 si4 ŋuai3 lɛ3 miaŋ2 p'ieŋ4]

I'm here for a …
我是来…
[ŋuai3 si5 li2 …]

conference meeting
开会 开会
[k'uoi1 huoi5] [k'uoi1 huoi5]

seminar
参加讨论会
[ts'aŋ1 ka1 t'ɔ3 lɔuŋ5 huoi5]

My name is …
我的名字是…
[ŋuai3 lɛ3 miaŋ2 ʒɛi5 si5 …]

I work for …
我为…工作
[ŋuai3 uoi5 … køyŋ1 ʒɔu6]

May I introduce my colleague …
让我介绍下我的同事…
[nuoŋ5 ŋuai3 kai4 lieu5 la5 ŋuai3
lɛ3 tuŋ2 nøy5 …]

Pleased to meet you.
很高兴认识你。
[ia3 huaŋ1 ŋi3 niŋ5 sɛi6 ny3]

I'm sorry I'm late.
对不起我迟到了。
[tøy4 pu6 tsøy5 ŋuai3 ti2 lo4 o]

You can reach me at …

你可以通过...联系我

[ny3 e5 sai3 t'uŋ1 kuo4 … lieŋ2
hie4 ŋuai3]

I'm here until …

我待在这直到...

[ŋuai3 ka7 tsi1 i6 ti7 kau4 …]

I need to …

我需要...

[ŋuai3 puo6 …]

make a photocopy   **use the Internet**

复印   上网

[hu6 ɛiŋ4]   [suoŋ5 uoŋ3]

make a telephone call

打电话

[p'a6 tieŋ5 ua5]

send a fax

传真

[tuoŋ2 tsiŋ1]

send a package (overnight)

寄包裹（连夜）

[kie4 pau1 kuo3 (lieŋ2 ia5)]

It was a pleasure meeting you.

很高兴见到你。

[ia3 huaŋ1 ŋi3 kieŋ4 kau4 ny3]

I look forward to meeting with you again.

我很期待再见到你。

[ŋuai3 hi1 uoŋ5 e5 tsai4 kieŋ4
kau4 ny3]

You Might Hear

谢谢你来。
[sia5 lia5 ny3 li3]
Thank you for coming.

麻烦等下。
[kʼi3 lɔyŋ5 tiŋ3 la5]
One moment, please.

请坐
[tsʼiaŋ3 sɔy5]
Please have a seat.

你有预约吗?
[ny3 ou5 y5 yo6 mo2]
Do you have an appointment?

跟谁?
[kɔyŋ5 tie5 nøyŋ2]
With whom?

You Might Hear

他/她...
[i1 ...]
He/She ...

在开会
[tuo7 k'uoi1 huoi5]
is in a meeting

在出差
[tuo7 ts'u6 ts'ε1]
is on a business trip

在度假
[tuo7 tu5 ka4]
is away on vacation

刚走
[tsia6 kiaŋ2 k'o4]
just stepped out

马上来
[tsieu5 li3]
will be right with you

现在见你
[tsi1 luŋ2 tsieu5 kieŋ4 ny3]
will see you now

Business Vocabulary

advertisement 广告 [kuoŋ3 ko4]

advertising 广告 [kuoŋ3 ko4]

bonus 奖金 [tsuoŋ3 kiŋ1]

boss 老板 [lo3 pɛiŋ3]

briefcase 公文包 [kuŋ1 uŋ2 pau1]

business 商业 [suoŋ1 ŋie7]

business card 名片 [miŋ2 pʼieŋ4]

business casual (dress) 商业便装 [suoŋ1 ŋie7 pieŋ5 ʒouŋ1]

business plan 商业计划 [suoŋ1 ŋie7 kie4   hei7]

casual (dress) 便装 [pieŋ5 ʒouŋ1]

cell phone number 手机号码 [tsʼieu3 ki1 ho5 ma3]

certifcation 证明 [tsiŋ4 miŋ2]

certified 注册 [tsuo4 ʒia6]

colleague 同事 [tuŋ2 nøy5]

company 公司 [kuŋ1 ni1]

competition 比赛 [pi3 luoi4]

competitor 对手 [tøy4 tʼau2]

computer 电脑 [tieŋ5 no3]

conference 会议 [huoi5 ŋie5]

contract 合同 [ha7 tøyŋ2]

course 过程 [kuo4 liaŋ2]

cubicle 隔间 [ka6 kaŋ1]

CV 简历 [kaŋ3 li7]

deduction 扣除 [kʼau4]

degree 学位 [hou7 uoi5]

desk 桌子 [to6]

e-mail address 电子邮件地址 [tieŋ5 tsy3 ieu2 yoŋ5 ti5 tsi3]

employee 员工 [uoŋ2 øyŋ1]

employer 老板 [lo3 pɛiŋ3]

equal opportunity 机会均等 [so7 yoŋ5 lɛ ki1 huoi5]

expenses 开销 [k'uoi1 sieu1]

experience 经验 [kiŋ1 ŋieŋ5]

fax number 传真号码 [tuoŋ2 tsiŋ1 ho5 ma3]

field 场 [tuoŋ2]

formal (dress) 正装 [tsiaŋ4 ʒouŋ1]

full-time 全职 [tsuoŋ2 tsei6]

global 全球的 [tsuoŋ2 kieu2 lɛ]

income 收入 [sieu1 i7]

income tax 收入税 [sieu1 i7 suoi4]

insurance 保险 [po3 ieŋ3]

job 工作 [køyŋ1 ʒɔu6]

joint venture 合资企业 [ha7 tsy1 k'ie3 ŋie7]

license 牌照 [pɛ2 tsieu4]

mailing 邮寄 [ieu2 ie4]

marketing 行销 [hɛiŋ2 sieu3]

meeting 会 [huoi5]

minimum wage 最低工资 [tɛi6 tɛ1 køyŋ1 tsy1]

multinational 多国的 [to1 kuo6 lɛ]

office 办公室 [pɛiŋ5 ŋuŋ1 nɛi6]

office phone number 办公室电话号码 [pɛiŋ5 ŋuŋ1 nɛi6 tieŋ5 ua5 ho5 ma3]

paperwork 文书工作 [uŋ2 tsy1 køyŋ1 ʒou3]

part-time 兼职 [kieŋ1 tsɛi6]

printer 打印机 [ta3 ɛiŋ4 ki1]

profession 职业 [tsi6 ŋie7]

professional 专业的 [tsuoŋ1 ŋie7 lɛ]

project 工程 [køyŋ1 nian2]

promotion 升职 [siŋ1 tsɛi6]

raise 提高 [t'i2 ko1]

reimbursement 赔偿 [puoi2 luoŋ2]

resume 简历 [kaŋ3 li7]

salary 工资 [køyŋ1 tsy1]

scanner 扫描机 [sau4 mieu2 ki1]

seminar 讨论会 [t'o3 louŋ5 huoi5]

suit 套装 [t'o4 ʒouŋ1]

supervisor 主管 [tsuo2 kuaŋ2]

tax ID 报税号 [po4 luoi4 ho5]

tie 领带 [liaŋ3 nai4]

trade fair 交易会 [kau1 i7 huoi5]

uniform 制服 [tsie4 u7]

union 联盟 [lieŋ2 mɛiŋ2]

visa 签证 [ts'ieŋ1 tsɛiŋ4]

wages 工资 [køyŋ1 tsy1]

work number 工作号码 [køyŋ1 ʒou3 ho5 ma3]

work permit 工作许可 [køyŋ1 ʒou3 hy3 k'o3]

HEALTH

At the Doctor's

Making an Appointment

Can you recommend a good doctor?
你能推荐一个好医生吗?
[ny3 ou5 mo2 t'øy1 tsieŋ4 so7 ʒie6
ho3 i1 lɛiŋ1]

I'd to make an appiontment for …
我想预约…
[ŋuai3 suoŋ3 y5 yo6 …]

today
今天
[kiŋ1 naŋ4]

tomorrow
明天
[miŋ2 naŋ4]

next week
下个礼拜
[a5 lɛ3 βai4]

as soon as possible
最快
[tsɔy4 k'ɑ4]

Can the doctor come here?
医生可以过来吗?
[i1 lɛiŋ1 ɑ5 mɑ5 sai3 kiaŋ2 uo4 lɛ]

What are the office hours?
办公时间是什么时候?
[suoŋ5 puaŋ1 si6 kaŋ1 si5 mieŋ5 ŋau5]

It's urgent.
紧急的。
[kiŋ3 kɛi6 lɛ]

I need a doctor who speaks English.
我需要一个会讲英语的医生。
[ŋuai3 puo6 ti7 so7 ʒie6 e5 kouŋ3 iŋ1 ŋy3 lɛ i1 lɛiŋ1]

How long is the wait?
要等多久?
[tuo7 tiŋ3 nuo7 ouŋ2]

Ailments

I have …
我有…
[ŋuai3 ou5 …]

> **allergies** 过敏 [kuo4 miŋ2 paŋ5 ʒɛiŋ4]
>
> **an allergic reaction** 过敏反应 [kuo4 miŋ3 huaŋ3 ɛiŋ4]
>
> **arthritis** 关节炎 [kuaŋ1 ʒɛi6 ieŋ2]
>
> **asthma** 哮喘 [hɛu4 ts'uaŋ3]
>
> **a backache** 背痛 [p'iaŋ1 t'iaŋ4]
>
> **bug bites** 虫咬 [t'øyŋ2 ka5]
>
> **chest pain** 胸疼 [siŋ1 ŋaŋ1 t'iaŋ4]
>
> **a cold** 感冒 [kaŋ3 mo5]
>
> **cramps** 抽筋 [k'ieu2 kyŋ1]
>
> **diabetes** 糖尿病 [t'ouŋ2 nieu5 paŋ5]
>
> **diarrhea** 腹泻 [paŋ5 nia4]
>
> **an earache** 耳痛 [ŋɛi5 t'iaŋ4]
>
> **a fever** 发烧 [hua6 sieu1]
>
> **the flu** 流感 [lieu2 kaŋ3]
>
> **a fracture** 骨折 [kou6 sie6 ko]
>
> **a heart condition** 心脏病 [siŋ1 ʒouŋ5 maŋ5]

You Might Hear

你有没什么过敏症？
[ny3 ou5 mo2 kuo4 miŋ3 tsɛiŋ4]
Do you have any allergies?

你有没在吃药？
[ny3 ou5 mo2 tuo7 sie7 yo7]
Are you on any medications?

这签一下。
[tsi3 ts'ieŋ1 so7 la5]
Sign here.

high blood pressure 高血压 [ko1 hɛi6 a6]

an infection 传染病 [tuoŋ2 nieŋ3 paŋ5]

indigestion 消化不良 [kaŋ2 tsɛi6]

low blood pressure 低血压 [tɛ1 hɛi6 a6]

pain 疼 [t'iaŋ4]

a rash 疹 [tsiŋ3]

swelling 肿胀 [tsyŋ3]

a sprain 扭伤 [tsɛ3]

a stomachache 胃疼 [uoi5 t'iaŋ4]

sunburn 晒伤 [p'uo7 suoŋ1]

sunstroke 中暑 [sieu5 sy3]

a toothache 牙疼 [ŋai2 t'iaŋ4]

a urinary tract infection 尿道发炎 [nieu5 to5 hua6 ŋieŋ2]

a venereal disease 性病 [sɛiŋ4 paŋ5]

I need medication for …
我需要… 的药
[ŋuai3 hy1 ieu4 … lɛ3 yo7]

I'm …
我有/正…
[ŋuai3 ou5/lɛ3 …]

> **anemic** 贫血 [piŋ2 hai6]
>
> **bleeding** 流血 [lau2 hai4]
>
> **constipated** 便秘 [si6 sai3]
>
> **dizzy** 晕眩 [uoŋ1 hiŋ2]
>
> **having trouble breathing** 不能呼吸 [mɛ5 hu2 ŋɛi6]
>
> **late on my period** 月经迟了 [ŋuo7 kiŋ1 ti2 o]
>
> **nauseous** 恶心 [e5 œ6]
>
> **pregnant** 怀孕 [tai4 liŋ1 ŋi2]
>
> **vomiting** 吐 [t'ou4]

I've been sick for … days.
我有病…天。
[ŋuai3 ou5 paŋ5 … køyŋ1]

It hurts here.
这里疼。
[tsi3 t'iaŋ4]

It's gotten worse/better.
变坏/好。
[pieŋ4 ŋai2/ho3]

You Might Hear

深呼吸
[ts'iŋ1 hu2 ŋɛi6]
Breathe deeply.

麻烦咳一下。
[k'i3 lɔyŋ5 sau4 so7 a5]
Cough please.

麻烦脱下衣服。
[k'i3 lɔyŋ5 il luoŋ2 t'ɔuŋ4 ŋia5 li2]
Undress, please.

这里疼吗？
[tsi3 e5 t'iaŋ4 ma5]
Does it hurt here?

张开嘴巴。
[ts'uoi4 pa6 k'uoi1]
Open your mouth.

你应该去看下专科医师。
[ny3 tuo7 k'o4 k'aŋ4 tsuoŋ1 a1]
You should see a specialist.

你必须去下医院
[ny3 tuo7 k'o4 5 il ieŋ4]
You must go to the hospital.

两个礼拜后再来
[tiŋ3 laŋ5 lɛ3 βai4 kai4 li2]
Come back in two weeks.

你需要复查一下
[ny3 tuo7 hu6 tsia1 la5]
You need a follow-up.

You Might Hear

这...
[tsi3 ...]
It's ...

坏了   扭伤了
[ŋai2]   [tsɛ3]
broken   sprained

传染的
[tuoŋ2 nieŋ3]
contagious

被传染了
[tuoŋ2 nieŋ3]
infected

Treatments and Instructions

Do I need a prescription medicine?
我需要处方药吗?
[ŋuai3 si5 nɛi5 tuo7 ti7 ts'y4
huoŋ1 yo7]

Can you prescribe a generic drug?
你能开通用名的药吗?
[ny3 ɑ5 mɑ5 sai3 k'uoi1 t'uŋ1 yŋ5
miaŋ2 i2 yo7]

Is this over the counter?
药店有卖吗?
[yo7 laiŋ4 u5 mɑ5 mo2]

How much do I take?

要吃多少?

[tuo7 sie7 nuo6 uai5]

How often do I take this?

多久一次?

[nuo7 ouŋ2 so7 ʒou6]

Are there side effects?

有副作用吗?

[ou mo2 hu4 ʒou6 øyŋ5]

Is this safe for children?

对小孩安全吗?

[tsuoi2 tɔy4 nie5 iaŋ3 u5 hai5 mo2]

I'm allergic to …

我对...过敏

[ŋuai3 tøy4 … kuo4 miŋ2]

> **anti-inflammatories**
>
> 消炎药
>
> [sieu1 ieŋ2 yo7]

> **aspirin**
>
> 阿司匹林
>
> [a1 si1 pi1 lin2*]

> **codeine**
>
> 可待因
>
> [k'o3 tai5 iŋ1]

> **penicillin**
>
> 青霉素
>
> [tsiŋ1 muoi2 lou4]

You Might Hear

我给你开...
[ŋuai3 kʼøy6 ny3 kʼuoi1 ...]
I'm prescribing you ...

抗生素 [kʼouŋ4 nɛiŋ1 lou4] antitbiotics

抗病毒药 [kʼouŋ2 paŋ5 tu7 i2 yo7]
anti-virals

药膏 [yo7 ko1] an ointment

止痛药 [tsi3 tʼiaŋ4 yo7] painkillers

你需要...
[ny3 tuo7 ...]
You need ...

验血 [ŋieŋ5 hai6] a blood test

打针 [pʼa6 tsɛiŋ1] an injection

挂瓶 [kua4 βiŋ2] an IV

链球菌检查 [lieŋ5 kieu2 kʼyŋ3
kieŋ3 ʒia1] a strep test

验尿 [ŋieŋ5 nieu5] a urine test

Payment and Insurance

I have insurance.
我有保险。
[ŋuai3 u5 po3 ieŋ3]

Do you accept …?
你是否收…?
[ny3 ou5 mo2 sieu1 …]

How much does it cost?
多少钱?
[nuai5 tseiŋ2]

Can I have an itemized receipt for my insurance please?
能不能开一张收据让我做医保报销?
[a5 ma5 sai3 k'uoi1 sieu1 køy4 to2 ŋuai3 i1 βo3 po4 lieu1]

Can I pay by credit card?
我能用信用卡付吗?
[ŋuai3 a5 ma5 sai1 hɛi7 siŋ2 yŋ5 k'a1 tsie1 hou4]

Will my insurance cover this?
我的保险有包括这个吗?
[ŋuai3 lɛ3 po3 ieŋ3 ou5 pau1 kua6 tsuoi2 mo2]

Parts of the Body

abdomen 腹部 [pu6 lo3]

anus 肛门 [ku3 ʒuoŋ1 k'øyŋ1]

appendix 阑尾 [maŋ2 nouŋ2]

arm 手臂 [ts'ieu3 βie4]

back 背 [p'iaŋ1]

belly button 肚脐 [pu6 sai2]

bladder 膀胱 [nieu5 p'a1]

bone 骨头 [kɔu6 kɔu6]

buttocks 臀部 [ku3 ʒuoŋ1]

breast 乳房 [nɛiŋ1 nɛiŋ1]

chest 胸 [siŋ1 ŋaŋ1]

ear 耳朵 [ŋɛi5]

elbow 肘 [ts'ieu3 laŋ1]

eye 眼睛 [mɛi7 tsieu1]

face 面 [mɛiŋ4]

finger 手指 [ts'ieu3 ʒai3]

foot 脚 [k'a1]

gland 腺 [siaŋ4]

hair 头发 [t'au2 uo6]

hand 手 [ts'ieu3]

heart 心脏 [siŋ1 ʒɔuŋ5]

hip 臀部 [ku3 ʒuoŋ1]

intestines 肠 [tuoŋ2]

jaw 下巴 [a5 hai2]

joint 关节 [kuaŋ1 tsai6]

kidney 肾 [sɛiŋ5]

knee 膝盖 [k'a1 βou6 t'au2]

knuckles 手关节 [ts'ieu3 kuaŋ1 tsie6]

leg 腿 [k'a1 t'øy3]

lip 嘴唇 [ts'y4 βuoi2]

liver 肝 [kaŋ1]

lung 肺 [hie4]

mouth 嘴巴 [ts'uoi4]

muscle 肌肉 [ki7 ny7]

neck 脖子 [tau2 ɔu6]

nose 鼻子 [p'ɛi4]

penis 阴茎 [pa4 βa4]

rectum 直肠 [ti7 tuoŋ2]

rib 肋骨 [løy7 tɛu2 ɔu6]

shoulder 肩膀 [kieŋ1 nau2]

skin 皮 [p'uoi2]

stomach 胃 [uoi5]

testicles 睾丸 [liŋ5 hou7 tsi3]

thigh 大腿 [tuai5 t'øy3]

throat 喉咙 [ho2 løyŋ2]

thumb 拇指 [tuai5 mo3 ko1]

toe 脚趾 [k'a1 ʒai3]

tooth/teeth 牙 [ŋai3]

tongue 舌头 [ts'y4 lie7]

tonsils 扁桃体 [pieŋ3 no2 liaŋ4]

urethra 尿道 [nieu5 lo5]

uterus 子宫 [tsy3 kyŋ1]

vagina 阴道 [ku5 kou5]

vein 血管 [hɛi6 kuaŋ3]

waist 腰 [ieu1]

wrist 手腕 [ts'ieu3 uaŋ1]

At the Optometrist

I need an eye exam.
我需要检查眼睛。
[ŋuai3 mɛi7 tsieu1 tuo7 kieŋ3 ʒia1 la5]

I've lost ...
我的...丢了
[ŋuai3 lɛ3 ... p'a6 mo2 o]

    a lens   **my contacts**
    镜片   隐形眼镜
    [kiaŋ4 pi'eŋ4] [yŋ3 hiŋ2 ŋiaŋ3
                     ŋiaŋ4]

    my glasses
    眼镜
    [ŋiaŋ3 ŋiaŋ4]

Should I continue to wear these?
我应该继续带这些吗?
[ŋuai3 si5 nɛi5 ku4 luo7 kai4 tai4
tsuoi2]

Can I select new frames?
我可以挑一个新镜架吗?
[ŋuai3 a5 ma5 sai3 t'ieu2 siŋ1 lɛ3
kieŋ4 ka4]

How long will it take?
要等多久?
[tuo7 tiŋ3 nuo7 ouŋ2]

I'm nearsighted/farsighted.
我近视/远视。
[ŋuai3 kyŋ5 nɛi4/uoŋ3 nɛi4]

At the Gynecologist

I have cramps.
我抽筋了。
[ŋuai3 kʼieu2 kyŋ1]

My period is late.
我的月经来迟了。
[ŋuai3 lɛ3 ŋuo7 kiŋ1 tʼøy1 ti2 li2]

I have an infection.
我有传染病。
[ŋuai3 ou5 tuoŋ2 nieŋ3 maŋ5]

I'm on the Pill.
我在避孕。
[ŋuai3 ka7 lɛ3 pie5 ɛiŋ5]

I'm not pregnant.
我没怀孕。
[ŋuai3 mo2 tai4 liŋ1]

I'm ... months pregnant.
我怀孕...个月了。
[ŋuai3 tai4 liŋ1 ... ka4 ŋuo7 ni7 lau3]

My last period was ...
我上一次月经是...
[ŋuai3 sɛiŋ2 ŋuoi2 ŋuo7 kiŋ1 si4 ...]

I need ...
我需要...
[ŋuai3 sy1 ieu4 ...]

 a contraceptive
 避孕药
 [pie5 ɛiŋ5 yo7]

the morning-after pill
紧急避孕药
[kiŋ3 kɛi6 pie5 ɛiŋ5 yo7]

a pregnancy test
验孕
[kieŋ3 ʒia1]

an STD test
性病检查
[sɛiŋ4 paŋ5 kieŋ3 ʒia1]

At the Dentist

This tooth hurts.
这颗牙疼。
[tsia3 ŋai3 t'iaŋ4]

I have a toothache.
我牙疼。
[ŋuai3 ŋai3 t'iaŋ4]

I have a cavity.
我的牙有一个洞。
[ŋuai3 i2 ŋai3 ou5 so7 ʒie6 k'øyŋ1
k'øyŋ1]

I've lost a filling.
我的牙齿填充物丢了。
[ŋuai3 tɛiŋ2 ŋai3 i2 no6 p'a6 tɔuŋ5]

My tooth is broken.
我的牙坏了。
[ŋuai3 ŋai3 ŋai2]

Can you fix these dentures?
你能修好这些假牙吗?
[ny3 ɑ5 mɑ5 sieu1 ho3 tsia3 ka3 ŋai3]

My teeth are sensitive.
我的牙很敏感。
[ŋuai3 lɛ3 ŋai3 ia3 miŋ2 kaŋ3]

You Might Hear

你需要补牙
[ny3 puo6 tɛiŋ5 ŋai3]
You need a filling.

我给你打一针/局部麻醉
[ŋuai3 k'øy6 ny3 p'a6 so7 tsɛiŋ1/puo5 hung5 ma5 ʒuoi4]
I'm giving you an injection/a local anesthetic.

我要拔掉这颗牙.
[tsia3 ŋai3 ŋuai3 tuo7 ts'y3 lai5]
I have to extract this tooth.

...小时内不要进食
[... tɛiŋ3 ʒyŋ1 tsi1 hau5 tsia4 e5 sie7 no6]
Don't eat anything for ... hours.

At the Pharmacy

Where's the nearest (24-hour) pharmacy?
最近（二十四小时）药店在哪里？
[tɛi6 kyŋ5（nie6 sɛi4 sieu3 si2）
lɛ3 yo7 laiŋ4 tuo7 tie2 nœ3]

What time does the pharmacy open?
药店什么时候开门？
[yo7 laiŋ4 mieŋ5 ŋau5 k'uoi1 muoŋ2]

What time does the pharmacy close?
药店什么时候关门？
[yo7 laiŋ4 mieŋ5 ŋau5 kuoŋ1 muoŋ2]

Can you fill this prescription?
你能填下这药单吗？
[tsia3 yo7 naŋ1 ny3 ɑ5 mɑ5 sai3
tɛiŋ3 la5]

How long is the wait?
要等多久？
[tuo7 tiŋ3 nuo7 ouŋ2]

I'll come back for it.
我还会回来。
[ŋuai3 ku4 e5 tuoŋ3 li2]

What do you recommend for …?
你是否有...的药可推荐的？
[ny3 ou5 mo2 ...lɛ3 yo7 t'øy1 tsieŋ4]

    allergies 过敏 [kuo4 miŋ3]
    a cold 感冒 [kaŋ3 mo5]
    a cough 咳嗽 [sau4]
    diarrhea 腹泻 [paŋ5 nia4]

You Might See

只外用
[na5 ŋuoi5 øyŋ5]
for external use only

全部吞下
[tsuoŋ2 puo5 t'ouŋ1 ŋia5]
swallow whole

可能会困
[k'o3 nɛiŋ2 e5 ts'uŋ3]
may cause drowsiness

不要和酒精混合
[nøyŋ ɔyŋ5 tsieu3 tsiŋ1 niaŋ3 lɛ]
do not mix with alcohol

a hangover 酒醉 [tsieu3 tsuoi4]

motion sickness 晕动症 [hiŋ2 tɔuŋ5
   paŋ5]

post-nasal drip 鼻后滴 [pɛi5 au5 tɛi7]

a sore throat 喉咙痛 [ho2 løyŋ2 t'iaŋ4]

an upset stomach 肚子痛 [pu6 lo3
   t'iaŋ4]

Do I need a prescription?
我需要药单吗?
[ŋuai3 sy1 ieu4 yo7 naŋ1 ma]

You Might Hear/See

...吃
[... sie7]
Take ...

饭后
[sie7 puoŋ5 hau5]
after eating

睡前
[k'ouŋ4 tsi1 sɛiŋ2]
before bed

饭前
[sie7 puoŋ5 sɛiŋ2]
before meals

早上
[tsai3 lau2]
in the morning

空腹
[k'øyŋ1 mou6]
on an empty stomach

口服
[k'ɛu3 hu7]
orally

一天两回
[so7 ni7 laŋ5 ts'ou6]
twice daily

多喝水
[to1 sie7 tsuoi3]
with plenty of water

Do you have …?
你有没…?
[ny3 ou5 mo2 …]

I'm looking for …
我在找…
[ŋuai3 tuo7 lɛ3 t'o3 …]

aftershave 须后水 [sy1 hau5 tsuoi3]

anti-diarrheal 腹泻药 [paŋ5 nia4 yo7]

antiseptic rinse 漱口水 [sɛ3 k'ɛu3 ʒuoi3]

aspirin 阿司匹林 [a1 si1 pi1 lin2]

baby wipes 婴儿纸巾 [ts'u6 sie4 iaŋ3 sai3 i2 tsai3 yŋ1]

bandages 绷带 [pouŋ1 tai4]

cold medicine 感冒药 [kaŋ3 mo5 yo7]

a comb 梳 [sœ1]

conditioner 护发素 [hu5 hua6 sou4]

condoms 安全套 [aŋ1 tsuoŋ2 t'o4]

cottonballs 棉球 [puo4 ieu2]

dental floss 牙线 [ŋai3 liaŋ4]

deodorant 防臭剂 [k'o4 ts'au4 tse4]

diapers 尿布 [nieu5 lo4]

gauze 纱布 [sa1 puo4]

a hairbrush 头梳 [t'au2 lœ1]

hair spray 发胶 [hua6 ka1]

hand lotion 护手霜 [hu5 ʒieu3 souŋ1]

ibuprofen 布洛芬 [puo4 lau4 huŋ1]

insect repellant 防虫液 [huoŋ2 t'øyŋ2 i7]

moisturizer 润肤膏 [yŋ5 hu1 ko1]

mousse 摩斯 [muo1 sy1]

mouthwash 洗口水 [sɛ3 k'ɛu3 ʒuoi3]

razor blades 剃须刀片 [t'ie4 lo1 pi'eŋ4]

rubbing alcohol 外用酒精 [ŋuoi5 yŋ5 tsieu3 tsiŋ1]

shampoo 洗发露 [sɛ3 lau2 ko1]

shaving cream 胡须膏 [ts'y4 lieu1 ko1]

soap 肥皂 [i2 ʒo5]

sunblock 防晒霜 [huoŋ2 puo7 souŋ1]

tampons 卫生巾 [uoi5 lɛiŋ1 yŋ1]

a thermometer 体温计 [t'ɛ3 uŋ1 pieu3]

throat lozenges 喉咙痛药 [ho2 løyŋ2 t'iaŋ4 yo7]

tissues 纸巾 [tsai3 yŋ1]

toilet paper 厕纸 [ts'u1 yŋ1]

a toothbrush 牙刷 [ŋai3 lau6]

toothpaste 牙膏 [ŋai3 ko1]

vitamins 维生素 [mi1 lɛiŋ1 lou4]

GENERAL EMERGENCIES

Essentials

Help!
救命！
[kieu4 mian5]

Police!
警察！
[kiŋ3 ʒia6]

Fire!
火！
[hu3 siu1 ts'uo4]

Thief!
贼！
[ts'ɛi7]

It's an emergency!
紧急的！
[kiŋ3 kɛi6 lɛ]

Stop!
停！
[tiŋ2]

Leave me alone!
走开！
[kiaŋ2 k'uoi1 o]

There's been an accident/attack!
发生意外！
[ts'u6 sy5 kou4]

Call …!
呼叫…！
[p'a6 …]

an ambulance
急救车
[ki6 kieu4 ʒia1]

a doctor
医生
[i1 lɛiŋ1]

the fire department
消防队
[sieu1 huoŋ2 tuoi5]

the police
警察
[kiŋ3 ʒia6]

Is anyone here ...?
这里有没人是...?
[tsi3 ou5 mo2 nøyŋ2 sɛi5 ...]

a doctor
医生
[i1 lɛiŋ1]

trained in CPR
会急救的
[ɛ5 pai6 ki6 kieu4 lɛ3]

Quickly!
快点!
[k'a4 li2]

Be careful!
小心!
[sieu3 niŋ1]

Where is the ...?
哪里是...
[tie2 nœ3 si5 ...]

American embassy
美国大使馆
[mi3 kuo6 tuai5 lai3 uaŋ3]

bathroom
厕所
[ts'ɛi6 su3]

hospital
医院
[i1 ieŋ5]

police station
警察局
[kiŋ3 ʒia6 kuo7]

Can you help me?
你能帮我吗?
[ny3 ou5 mo2 pɛiŋ5 hua6 pouŋ1 ŋuai3]

Can I use your phone?

我能用你电话吗?

[ŋuai3 ɑ5 mɑ5 sai3 sai3 ny3 lɛ3
tieŋ5 ua5]

I'm lost.

我走丢了。

[ŋuai3 kiaŋ2 p'a6 tɔuŋ5 tuo5 o]

Go away!

走开!

[kiaŋ2 k'uoi1 o]

Talking to Police

I've been ...

我被人...

[ŋuai3 k'o4 nøyŋ1 ...]

assaulted

攻击了

[p'a6 ko]

robbed

抢劫了

[ts'uoŋ3 kie6 ko]

mugged

抢劫了

[ts'uoŋ3 kie6 ko]

swindled

骗了

[p'ieŋ4 o]

raped

强奸了

[kyoŋ2 kaŋ1]

That person tried to … me.

那个人想…我

[hi3 ʒie6 nøyŋ1 suoŋ3 … ŋuai3]

assault

攻击

[p'a6]

rape

强奸

[kyoŋ2 kaŋ1]

mug

抢劫

[ts'uoŋ3 kie6]

rob

抢劫

[ts'uoŋ3 kie6]

I've lost my …

我的…丢了

[ŋuai3 lɛ3 … p'aŋ1 mo2 o]

bag(s)

包

[pau1]

money

钱

[tseiŋ2]

credit card

信用卡

[siŋ4 yŋ5 k'a3]

passport

护照

[hu5 ʒieu4]

driver's license

驾驶证

[ka4 lai3 tsɛiŋ4]

purse

钱包

[tseiŋ2 pau1]

identification

身份证

[siŋ1 ouŋ5 tsɛiŋ4]

traveler's checks

旅行支票

[ly3 ɛiŋ2 tsie1 p'ieu4]

keys

钥匙

[so3 lie2]

visa

签证

[ts'ieŋ1 tsɛiŋ4]

laptop

电脑

[tieŋ5 no3]

wallet

钱包

[tseiŋ2 pau1]

You Might See

紧急	医院
[kiŋ3 kɛi6]	[i1 ieŋ5]
Emergency	Hospital
警察	警察局
[kiŋ3 ʒia6]	[kiŋ3 ʒia6 kuo7]
Police	Police Station

My ... was stolen.
我的...被人偷了。
[ŋuai3 lɛ3 ... k'øy4 nøyŋ2 t'au1]

I need a police report.
我需要一份警察的报告。
[ŋuai3 hy1 ieu4 so7 ʒie6 kiŋ3 ʒia6
lɛ3 pau4 ko4]

Please show me your badge.
请出示你的徽章。
[ts'iaŋ3 ts'u6 sɛi5 ny3 lɛ3 huoi1
tsuoŋ1]

**Please take me to your superior/the police
station.**
请带我去找你上级/警察局。
[ts'iaŋ3 tai4 ŋuai3 k'ɔ4 t'o3 ny3
lɛ3 liaŋ3 to5/ kiŋ3 ʒia6 kuo7]

I have insurance.
我有保险。
[ŋuai3 u5 po3 ieŋ3]

You Might Hear

哪里发生的？
[tie2 nœ3 hua6 sɛiŋ4 lɛ]
Where did this happen?

什么时候发生？
[mieŋ5 ŋau5 hua6 sɛiŋ4 lɛ]
What time did it occur?

他/她长什么样子？
[i1 saŋl sie6 no6 uaŋ3]
What does he/she look like?

This person won't leave me alone.
这个人一直跟着我。
[hi3 ʒie6 nøyŋ1 t'i4 lau2 kyŋ1 ŋuai3]

My son/daughter is missing.
我的儿子/女儿丢了。
[ŋuai3 kiaŋ3/ tsy1 nøyŋ2 kiaŋ3 p'a6
mo2 o]

He/She is XX years old.
他（她）XX岁了。
[i1 XX huoi2]

I last saw the culprit XX minutes/hours ago.
我最后看见犯人是XX分钟/小时前。
[ŋuai3 tsɔy4 hau5 k'aŋ4 ŋieŋ4 huaŋ5
nøyŋ2 si5 XX huŋ1 ʒyŋ1/tɛiŋ3 ʒyŋ1
sɛiŋ2]

What is the problem?
什么问题?
[sie6 no6 uŋ5 nɛ2]

What am I accused of?
我因何被控?
[ŋuai3 iŋ1 uoi5 sie6 no6 kɔyŋ5 nøyŋ2 kɔuŋ4 kɔ4]

I didn't realize that it wasn't allowed.
我没意识到这是不允许的 。
[ŋuai3 me5 βai6 tsi3 sɛi5 me5 lai3 i2]

I apologize.
我道歉。
[ŋuai3 to5 k'ieŋ4]

I didn't do anything.
我什么都没做。
[ŋuai3 huŋ2 no6 tu1 mo2 tso4]

I'm innocent.
我是无辜的。
[ŋuai3 si5 u2 ku1 lɛ]

I need to make a phone call.
我需要打个电话。
[ŋuai3 puo6 p'a6 tieŋ5 ua5]

I want to contact my embassy/consulate.
我想联系我的大使馆/领事馆。
[ŋuai3 suoŋ3 lieŋ2 hie5 ŋuai3 lɛ3 tuai5 lai3 uaŋ3/ liaŋ3 ly5 uaŋ3]

I want to speak to a lawyer.
我想跟律师讲话。
[ŋuai3 suoŋ3 kɔyŋ5 lu7 sy1 kouŋ3 ua5]

I speak English.
我说英语。
[ŋuai3 kouŋ3 iŋ1 y3]

I need an interpreter.
我需要一个翻译。
[ŋuai3 puo6 ti7 so7 ʒie6 huaŋ1 i7]

You Might Hear

扰乱治安
[kieu3 luaŋ5 ti5 aŋ1]
disturbing the peace

违反交规
[uoi1 huaŋ3 kau1 kuoi1]
traffic violation

停车罚款
[po7 ʒia1 hua7 k'uaŋ3]
parking fine

超速罚单
[ts'ieu1 sou6 hua7 taŋ1]
speeding ticket

签证逾期逗留
[ts'ieŋ1 tsɛiŋ4 y1 ki1 tiŋ2 lieu2]
overstaying your visa

偷
[t'au1]
theft

NUMBERS & MEASUREMENTS

Cardinal Numbers

1	一	[εi6]
2	二	[nεi5]
3	三	[saŋ1]
4	四	[sεi4]
5	五	[ŋou5]
6	六	[løy7]
7	七	[ts'εi6]
8	八	[pai6]
9	九	[kau3]
10	十	[sεi7]
11	十一	[sεi7 εi6]
12	十二	[sεi7 nεi5]
13	十三	[sεi7 saŋ1]
14	十四	[sεi7 sεi4]
15	十五	[sεi7 ŋou5]
16	十六	[sεi7 løy7]
17	十七	[sεi7 ts'εi6]
18	十八	[sεi7 pai6]
19	十九	[sεi7 kau3]
20	二十	[ni5 lεi7]
21	二十一	[nie6 εi6]
22	二十二	[nie6 nεi5]
30	三十	[saŋ1 nεi7]
31	三十一	[saŋ1 nεi7 εi6]
32	三十二	[saŋ1 nεi7 nεi5]
40	四十	[si4 lεi7]

50　五十 [ŋu5 lɛi7]

60　六十 [løy7 sɛi7]

70　七十 [ts'i6 sɛi7]

80　八十 [pɛi6 sɛi7]

90　九十 [kau3 lɛi7]

100　一百 [so7 βa6]

101　一百零一 [so7 βa6 liŋ2 ɛi6]

200　两百 [laŋ5 βa6]

500　五百 [ŋu5 βa6]

1,000　一千 [so7 ʒieŋ1]

10,000　一万 [so7 uaŋ5]

100,000　十万 [sɛi7 uaŋ5]

1,000,000 一百万 [so7 βa6 uaŋ5]

Fractions

one-quarter
四分一
[si4 huŋ5 ɛi6]

three-quarters
四分三
[si4 huŋ5 saŋ1]

one-third
三分一
[saŋ1 huŋ5 ɛi6]

two-thirds
三分二
[saŋ1 huŋ5 nɛi5]

one-half
二分一
[ni5 huŋ5 ɛi6]

all
全部
[tsuoŋ2 puo5]

none
都没
[tu1 mo2]

Ordinal Numbers

first 第一 [tɛ5 ɛi6]

second 第二 [tɛ5 nɛi5]

third 第三 [tɛ5 saŋ1]

fourth 第四 [tɛ5 sɛi4]

fifth 第五 [tɛ5 ŋou5]

sixth 第六 [tɛ5 løy7]

seventh 第七 [tɛ5 ts'ɛi6]

eighth 第八 [tɛ5 pai6]

ninth 第九 [tɛ5 kau3]

tenth 第十 [tɛ5 sɛi7]

Quantity and Size

one dozen
一打
[so7 ta3]

half a dozen
半打
[puaŋ4 ta3]

a pair of …
一双…
[so7 søyŋ1 …]

a couple of …
一些…
[laŋ5 saŋ1 pi1 …]

some (of) …
一些…
[so7 p'ie1 …]

a half
一半
[so7 puaŋ4]

a little
一点
[ni6 tɛi6]

a lot
很多
[ia3 la5]

more
多
[sɑ5]

less
少
[tsieu3]

NUMBERS & MEASUREMENTS

enough
够
[kau4]

not enough
不够
[mo2 kau4]

too many
太多
[k'a6 sɑ5]

too much
太多
[k'a6 sɑ5]

extra small (XS)
加小号
[tɛi6 nɔuŋ5 ho5]

small (S)
小号
[nɔuŋ5 ho5]

medium (M)
中号
[tyŋ1 ho5]

large (L)
大号
[tuai5 ho5]

extra-large (XL)
加大号
[tɛi6 tuai5 ho5]

big   **bigger**   **biggest**
大   更大   最大
[tuai5] [kaiŋ4 tuai5] [tɛi6 tuai5]

small   **smaller**   **smallest**
小   更小   最小
[nɔuŋ5] [kaiŋ4 nɔuŋ5] [tɛi6 nɔuŋ5]

fat
肥
[puoi2]

skinny
瘦
[søy1]

wide
宽
[k'uaŋ1]

narrow
窄
[k'ai6]

tall
高
[kɛiŋ2]

short
矮
[ɛ3]

long
长
[touŋ2]

Weights & Measurements

squared
平方
[piŋ2 ŋuoŋ1]

cubed
立方
[li7 huoŋ1]

inch
英寸
[ing1 ts'ɔuŋ4]

foot
英尺
[ing1 ts'uo6]

mile
英里
[iŋ1 li3]

meter
米
[mi3]

millimeter
毫米
[ho2 mi3]

centimeter
厘米
[lie2 mi3]

kilometer
千米
[ts'ieŋ1 mi3]

kilogram
千克
[ts'ieŋ1 k'ai6]

milliliter
毫升
[ho2 siŋ1]

liter
公升
[siŋ1]

ounce
盎司
[ouŋ1 ly2]

cup
杯
[puoi1]

pint
品脱
[p'iŋ3 t'ɔuŋ5]

quart
夸脱
[k'ua1 t'ɔuŋ5]

gallon
加仑
[ka1 luŋ2]

TIMES & DATES

Telling Time

A.M.

早上

[tsai3 lau2]

P.M.

下午

[a5 lau4]

What time is it?

几点了？

[kuoi3 lɛiŋ3]

> **It's 5 A.M.**
>
> 早上五点。
>
> [tsai3 lau2 ŋu5 tɛiŋ3]

> **It's 5 P.M.**
>
> 下午五点。
>
> [a5 lau4 ŋu5 tɛiŋ3]

> **It's 6 o'clock.**
>
> 六点。
>
> [løy7 tɛiŋ3]

> **It's 6:30.**
>
> 六点半。
>
> [løy7 tɛiŋ3 muaŋ4]

> **Five past (three).**
>
> (三) 点零五分。
>
> [(saŋ1) lɛiŋ3 so7 ʒɛi5]

> **Half past (two).**
>
> (两)点半。
>
> [(laŋ5) lɛiŋ3 muaŋ4]

Quarter to (eight).

(七)点三刻。

[(ts'ɛi6) tɛiŋ3 kau3 ʒɛi5]

Twenty to (four).

三点四十分。

[(saŋ1) nɛiŋ3 pɛi6 tsɛi5]

At 1 P.M.

下午一点。

[a5 lau4 so7 lɛiŋ3]

At 3:28.

三点二十八分。

[saŋ1 nɛiŋ3 nie6 pai6]

In the …

在…

[ka7 …]

morning	afternoon	evening
早上	下午	晚上
[tsai3 lau2]	[a5 lau4]	[maŋ2 muo1]

at night

在晚上

[ka7 maŋ2 muo1]

noon	midnight
中午	半夜
[tyŋ1 ŋu3]	[puaŋ4 maŋ2]

early	late
早	迟
[tsa3]	[ti2]

Duration

for …
用…
[sai3 …]

one month	**two months**
一个月	两个月
[so7 ŋuo7]	[laŋ5 ŋuo7]
one week	**three weeks**
一个礼拜	三个礼拜
[so7 lɛ3 βai4]	[saŋ1 lɛ3 βai4]
one day	**four days**
一天	四天
[so7 ni7]	[si4 øyŋ1]
one hour	**a half hour**
一个小时	半小时
[so7 lɛiŋ3 ʒyŋ1]	[puaŋ4 tɛiŋ3 ʒyŋ1]
one minute	**five minutes**
一分钟	五分钟
[so7 huŋ1 ʒyŋ1]	[ŋu5 huŋ5 ʒyŋ1]
one second	**five seconds**
一秒	五秒
[so7 mieu3]	[ŋu5 mieu3]

since	**during**
以后	当
[i3 hau5]	[touŋ1]

before
之前
[i3 sɛiŋ2]

after
之后
[i3 hau5]

one year ago
一年前
[so7 nieŋ2 sɛiŋ2]

five years ago
五年前
[ŋu5 nieŋ2 sɛiŋ2]

six months ago
六个月前
[løy7 ŋuo7 sɛiŋ2]

in two years
两年后
[laŋ5 nieŋ2 hau5]

in five months
五个月内
[ŋu5 kau4 ni7 tsi1 nɔi5]

in two weeks
两个礼拜内
[laŋ5 lɛ3 βai4 nɔi5]

in twelve days
十二天内
[sɛi7 ni5 øyŋ1 nɔi5]

in three hours
三小时内
[saŋ1 lɛiŋ3 ʒyŋ1 nɔi5]

in five minutes
五分钟内
[ŋu5 huŋ5 ʒyŋ1 nɔi55]

in ten seconds
十秒内
[sɛi7 mieu3 nɔi5]

Stating the Date

Relative Dates

yesterday	today	tomorrow
昨天	今天	明天
[so7 ni7]	[kiŋ1 naŋ4]	[miŋ2 naŋ4]

week	month	year
礼拜	月	年
[lɛ3 βai4]	[ŋuo7]	[nieŋ2]

this week	next week	last week
这个礼拜	下个礼拜	上个礼拜
[tsi3 lɛ3 βai4]	[a5 lɛ3 βai4]	[sɛiŋ2 lɛ3 βai4]

this month	next month	last month
这个月	下月	上个月
[tsi3 ŋuo7]	[a5 ŋuo7]	[sɛiŋ2 ŋuo7]

this year	next year	last year
今年	明年	去年
[kie1 nieŋ2 maŋ2]	[maŋ2 nieŋ2 maŋ2]	[k'o4 nieŋ2 maŋ2]

Days of the Week

Monday
星期一
[pai4 ɛi6]

Friday
星期五
[pai4 ŋou5]

Tuesday
星期二
[pai4 nɛi5]

Saturday
星期六
[pai4 løy7]

Wednesday
星期三
[pai4 saŋ1]

Sunday
礼拜天
[lɛ3 βai4]

Thursday
星期四
[pai4 sɛi4]

Months of the Year

January
一月
[i6 ŋuo7]

May
五月
[ŋu5 ŋuo7]

February
二月
[ni5 ŋuo7]

June
六月
[løy7 ŋuo7]

March
三月
[saŋ1 ŋuo7]

July
七月
[ts'i6 ŋuo7]

April
四月
[si4 ŋuo7]

August
八月
[pɛi6 ŋuo7]

September
九月
[kau3 ŋuo7]

November
十一月
[sɛi7 i6 ŋuo7]

October
十月
[sɛi7 ŋuo7]

December
十二月
[sɛi7 ni5 ŋuo7]

Seasons

Winter
冬
[tøyŋ1]

Summer
夏天
[ie7 t'ieŋ1]

Spring
春
[ts'uŋ1]

Fall/Autumn
秋
[ts'ieu1]

PLACE NAMES

Countries

United States
美国
[mi3 uo6]

Canada
加拿大
[ka1 na3 tai5]

United Kingdom
英国
[iŋ1 uo6]

England
英格兰
[iŋ1 kɛi6 laŋ2]

Ireland
爱尔兰
[ai4 i3 laŋ2]

Australia
澳大利亚
[o4 tai5 le4 a3]

China
中国
[tyŋ1 kuo6]

Cities

New York
纽约
[nieu3 yo6]

Beijing
北京
[pɔy6 kiŋ1]

Chicago
芝加哥
[sy1 ka1 ko1]

Shanghai
上海
[suoŋ5 hai3]

Los Angeles
洛杉矶
[luo7 saŋ1 kie1]

Guangzhou
广州
[kuoŋ3 tsieu1]

Dallas
达拉斯
[ta1 la1 sy1]

Tianjin
天津
[t'ieŋ1 kiŋ1]

Boston
波士顿
[po1 søy5 tɔuŋ4]

Fuzhou
福州
[hu5 tsieu1]

London
伦敦
[luŋ2 t'ouŋ5]

Toronto
多伦多
[to1 luŋ2 to1]

Vancouver
温哥华
[uŋ1 ko1 hua2]

Paris
巴黎
[pa1 lɛ2]